北朝鮮投資ガイド

法務法人(有限)地平
北朝鮮投資支援センター

△博英社

地平北朝鮮投資支援センターのご紹介

　法務法人(有限)地平は、南北経済協力及び国内外企業・団体・機関等の北朝鮮投資・進出を支援するため、北朝鮮チームを「北朝鮮投資支援センター」として拡大・改編いたしました。

　当事務所は2002年より、北朝鮮チームを編成し、北朝鮮との経済等交流、開城工団法制制定等につきアドバイス業務を提供し、名実ともに北朝鮮に関する最高の専門性を認められてきました。

　また、当事務所は、韓国の法律事務所の中で最も多い海外事務所(8ヶ所)を保有し、中国、ベトナム、カンボジア、ラオス、ロシア等の経済体制転換国家、ミャンマー及びイラン等の経済制裁解除国家に対し、インフラ・エネルギー・不動産・金融・合弁投資等に関するアドバイス業務を提供してきました。

　このような北朝鮮、経済体制転換国及び経済制裁解除国に対して保持する高い専門性を背景に始めた地平「北朝鮮投資支援センター」は、国内外の企業・団体・機関等に北朝鮮投資関連のコンサルティング及びリーガルアドバイスを提供しています。特に、単に法律問題のみを解決するのではなく、北朝鮮の変化と展望に基づいた投資及び進出戦略のコンサルティングの提供を目指しています。

　地平「北朝鮮投資支援センター」は、事務局と南北関係チーム、コンサルティングチーム、インフラ・不動産チーム、エネルギー・資源チーム、金融チーム、特区・産業チーム、国際チーム等の7つのチームとして編成され、30余名の弁護士・外国弁護士等がインフラ、電力、資源、特区、不動産及び金融と製造業、サービス業等の多様な分野の北朝鮮投資に関するアドバイスを提供しています。

　著名な北朝鮮法専門家として知られ、開城工団諮問委員、統一部民間委員を務めている林成澤(イム・ソンテク)代表弁護士がセンター長を、財経部次官と金融委員長を歴任した金錫東(キム・ソクドン)顧問がセンター顧問を担い、梁栄太(ヤン・ヨンテ)代表弁護士は事務局を担当し、センター業務を支援します。

また、北朝鮮の開成工業地区が開発され始めた2004年から2013年まで開成工業地区管理委員会の法務チーム長として務めながら、南北経済協力における南北の法制整備のため、交渉等の様々な業務を遂行してきた北朝鮮法の実務分野における最高の専門家である金光吉(キム・グァンギル)弁護士、国内唯一の韓国弁護士兼ロシア弁護士であり、北方経済協力委員会諮問委員を務めている蔡熙錫(チェ・ヒソク)弁護士、経済制裁解除以後7年間、ミャンマーに対する多様な投資アドバイスの経験を保有する鄭喆(チョン・チョル)弁護士、法務部統一法務課検事として勤務していた間、開成工業地区の運営と関連し、南北当局間の実務会談に数回参加した張基錫(チャン・ギソク)など、関連分野の専門家たちが本センターで活躍しています。

　地平「北朝鮮投資支援センター」は、日本の政府機関、企業及び団体はもちろん、これらを代理する日本の法律事務所に向け、韓国語と日本語に堪能な弁護士や専門家らが北朝鮮法だけでなく、北朝鮮投資に必要な韓国法、経済等の諸問題、関係国の法制など幅広い業務に対応し、誠心を込めてリーガルサービスを提供させていただきます。

目　　次

Ⅰ. 外国人投資法 ……………………………………………………… 1

　1. 金正恩体制下における投資環境の変化 ……………………… 3

　2. 外国人投資の保護 …………………………………………… 4

　3. 外国人投資の関連法令 ……………………………………… 9

　4. 外国人投資に関する主要事項 …………………………… 12

Ⅱ. 外国人投資企業 ……………………………………………… 19

　1. 外国人投資企業の概要 …………………………………… 21

　2. 外国人投資企業の創設、出資及び営業許可 ……………… 24

　3. 外国人投資企業の管理機構 ……………………………… 40

　4. 外国人投資企業の決算及び分配 ………………………… 45

　5. 外国人投資企業の存続期間及び解散 …………………… 48

　6. 外国人投資企業の破産 …………………………………… 55

Ⅲ. 北朝鮮民法 …………………………………………………… 65

　1. 民事関連法令の概要 ……………………………………… 67

　2. 一般制度 …………………………………………………… 69

　3. 所有権制度 ………………………………………………… 71

　4. 債権債務制度 ……………………………………………… 73

　5. 民事責任と民事時効制度 ………………………………… 75

Ⅳ. 不動産利用の基本法制 …………………………………… 77

　1. 序論 ………………………………………………………… 79

　2. 土地賃貸方法 ……………………………………………… 81

　3. 土地利用権の処分 ………………………………………… 83

　4. 土地賃貸借契約の具体的内容 …………………………… 86

Ⅴ. 北朝鮮金融法制 ……………………………………………… 93

　1. 北朝鮮の伝統的な金融構造 ……………………………… 95

　2. 北朝鮮の金融関連法令の制定・改正 ………………… 101

　3. 外国投資銀行に対する規制 …………………………… 104

目　　次 iii

Ⅵ. 外貨管理 ･･ 109

  1. 概要 ･･･ 111

  2. 外貨の収入と利用 ･･ 114

  3. 外貨の搬入と搬出 ･･ 117

  4. 外貨管理に対する指導統制 ･･････････････････････････････････････ 119

Ⅶ. 労働 ･･･ 121

  1. 序論 ･･･ 123

  2. 外国人投資企業労働法の基本原則及び適用範囲 ･･････････････････ 124

  3. 採用及び労働契約 ･･･ 125

  4. 労働時間と休息 ･･･ 127

  5. 労働報酬 ･･･ 129

  6. 労働保護 ･･･ 131

  7. 解雇 ･･･ 133

  8. 制裁及び紛争解決 ･･･ 135

Ⅷ. 外国投資企業の会計と税務 ･･ 137

  1. 外国投資企業会計法 ･･ 139

  2. 外国投資企業会計検証法 ･･････････････････････････････････････ 140

  3. 外国投資企業及び外国人税金法 ･･･････････････････････････････ 142

  4. 税関法 ･･･ 150

Ⅸ. 北朝鮮の資源開発法制と実務 ･･･････････････････････････････････････ 157

  1. 北朝鮮の地下資源開発政策の概要 ･････････････････････････････ 159

  2. 北朝鮮地下資源法の概要 ･････････････････････････････････････ 162

  3. 地下資源開発権と投資契約事例 ･･･････････････････････････････ 169

  4. 韓国企業の北朝鮮地下資源開発投資に関する留意事項及び考慮事項 ･･････････ 172

Ⅹ. 北朝鮮の環境法 ･･･ 177

  1. 環境法の構造及び体系 ･･･････････････････････････････････････ 179

  2. 環境法の主な内容 ･･･ 181

  3. 環境法の特徴及び留意点 ･････････････････････････････････････ 185

XI．紛争解決：北朝鮮特殊経済地帯 ················· 187

1．序論 ·· 189
2．仲裁法概説 ·· 190
3．対外経済仲裁法概説 ·· 192
4．北朝鮮特殊経済地帯の紛争解決手続 ························ 195

XII．知的財産権 ··· 197

1．序論 ·· 199
2．発明に関する法制 ·· 200
3．デザインに関する法制 ··· 204
4．商標に関する法制 ·· 206
5．著作権の法制 ·· 209

XIII．外国人出入・滞在・居住 ··························· 213

1．序論 ·· 215
2．外国人の入国・出国 ·· 216
3．外国人の滞在・居住・旅行 ···································· 218

XIV．貿易 ··· 221

1．対外貿易に関する北朝鮮法制の概要 ························ 223
2．対外貿易に関する北朝鮮への経済制裁概要及び経過 ········ 230
3．対北交易の手続及び実務上の留意事項 ······················ 232

XV．北朝鮮の経済特区法 ································· 239

1．北朝鮮経済特区法制の沿革及び体系 ························ 241
2．北朝鮮の個別経済特区法概観 ································· 243
3．北朝鮮経済特区法制の構造と内容 ·························· 249

目　　次　v

外国人投資法　I

01. 金正恩体制下における投資環境の変化
02. 外国人投資の保護
03. 外国人投資の関連法令
04. 外国人投資に関する主要事項

北朝鮮投資ガイド

01 金正恩体制下における投資環境の変化

　社会主義圏の崩壊と国際社会での孤立により、長い間、経済的に遅れていた北朝鮮は、金正恩（キム・ジョンウン）時代に入り、「新世紀の産業革命」と「知識経済」を強調しながら、経済的再生を図っている。特に、いわゆる「6.28新経済管理体制」と呼ばれる一連の経済改革措置を通じて、機関・企業所・団体の自律性を強化し、外国人投資の誘致に積極的に取り組むなど、経済全般において、変化の兆しが見えてきている。

　法律的な側面から、北朝鮮は、憲法第18条で「朝鮮民主主義人民共和国の法は、勤労人民の意思と利益の反映であり、国家管理の基本武器である」と宣言し、「法に対する尊重と厳格な遵守・執行」が全ての国民の義務であることを強調している。これにより、北朝鮮当局の新しい経済政策は、法律分野においても著しく現れている。特に、金正恩体制が公式的に幕を上げると評価される2011年末において、14件に至る経済関連法律を大々的に制定・改正したことから、経済改革措置に対する北朝鮮当局の努力が垣間見える。上記のように改正された法律は、概ね投資家の投資資産の保護、企業経営の自律性の保障、投資金回収の安定性、投資者に対する税金優待、身辺の安全保障等のように、外国人投資家の誘致に焦点が当てられている。

　このように、金正日が死亡した頃（2011年12月17日）、とても混乱していた状況においても、経済関連法律を大々的に制定・改正したことは、外国人投資の誘致に対する北朝鮮当局の切迫感を反映したものと見られる。そして、これを背景として、上記のような経済関連法律の変化は、本格的な外国人投資誘致のための北朝鮮当局の事前措置であると推測される。それから、北朝鮮の核危機により、その時期が相当遅れたものの、和解と平和が確立されるのであれば、北朝鮮当局の外国人投資誘致は本格的に進められるだろう。

I. 外国人投資法　3

02 外国人投資の保護

(1) 外国人投資の保護に関する北朝鮮憲法上の宣言

　外国人投資家が特定国家に投資するため、該当国家が外国人投資を保護する制度を十分に備えているかどうかは、重要な考慮要素であるだろう。特に、北朝鮮の場合、これまで、外国人投資の保護制度の存在と実効性に関して疑問が多かった。このような疑問を根拠のない誤解として捉えられなかったのも事実である。例えば、北朝鮮は既に1970年代に債務不履行（Moratorium）を宣言したことがあり、1980年代に野心的に進めた「朝・朝合営事業」も、投資者らと十分な信頼を構築することができずに失敗として終わってしまった。その後、国際取引の際、信用を重視しなければならないことを法律に反映し始めたが[1]、大きく改善された姿は見せられなかった。

　しかし、外国人投資を誘致するためには、外国人投資に対する保護が必須的であることを北朝鮮当局も認識しているようである。北朝鮮憲法第16条は、「自己領域内にある他国の人の合法的権利と利益を保障する」と宣言しており、これを背景とし、外国人投資法を始め、各種の外国人投資関連法令は、外国人投資の保護に関する各種条項を置いている。また、北朝鮮の文献は、外国人が「国家から国際法の要求である民族的権利の保障」を受け、「国家から国際法上公認された生活上の権利も保障」を受けると説明している[2]。一方、上記のような外国人投資の保護とは別に、北朝鮮憲法は「海外朝鮮同胞」に対する保護に関しても明示的な条

---

1) 例えば、貿易法第4条は、「貿易において、信用を守ることは、他の国との貿易関係を発展させるための先決条件である。国家は、輸出品の質と納入期日を保障し、支払義務を適時に正確に履行するようにする」と規定している。

2) 朝鮮投資法案内、28頁。類似した内容がInvestment Guide to the DPRKにも含まれている：「The DPRK protects by law the property invested by foreign investors, their interests and legal incomes earned by investment activities and the invested properties shall be neither nationalized nor expropriated」（Investment Guide to the DPRK、13頁）。

4　北朝鮮投資ガイド

項を置き、「海外にある朝鮮同胞らの民主主義的民族権利と、国際法において公認された合法的権利と利益を擁護する」と規定している（北朝鮮憲法第15条）。

さらに、北朝鮮憲法は、外国人投資を奨励する条項も置いている。北朝鮮憲法第37条は、「我が国の機関、企業所、団体と、他国の法人又は個人らとの企業の合営と合作、特殊経済地帯での種々の企業創設運営を奨励する」と規定している。上記の条項は、1992年の憲法改正を通じて反映され、これを背景として外国人投資法、合作法、外国人企業法等の重要な外国人投資関連法令が大々的に制定された。社会主義国家である北朝鮮が資本主義国家からの外国人投資を奨励することは、多少不釣合いに見えるかもしれない。これに対し、北朝鮮は、「世界的に社会主義市場がなくなった現状に合わせ、資本主義国家らとの経済取引をさらに能動的に広め、国家的利益をもたらす」ための措置であると説明している[3]。

(2) 国有化の制限及び投資金回収の保障

一般的に外国人投資保護に対する主な基準として、国有化（Expropriation）の制限、内国民待遇（National Treatment）、最恵国待遇（Most-Favored Nation Treatment）、恣意的差別（Arbitrary or Discriminatory Measures）の禁止、投資金回収（Repatriation）の保障等が取り上げられる[4]。このうち、外国人投資家の立場において特に重要な事項は、収用の制限と送金の保障であるだろう。

まず、国有化の制限と関連して、外国人投資法は、次のとおり規定している（外国人投資法第19条）。

> 第19条（投資財産の保護）
> 国家は、外国投資家と外国人投資企業、外国投資銀行の財産を国有化、若しくは収用しない。社会公共の利益と関連し、やむを得ずに収用する場合には、事前に通知し、法的手続を経て、その価値を十分に補償する。

言い替えると、北朝鮮の法律に従っても、収用は原則的に禁止され、例外的に不可避な事情（自然災害、国土建設計画の変更等）がある場合、事前に通告し、国有化することが可能である。ただし、例外的に国有化する場合にも、外国人投

3）朝鮮投資法案内、31頁。
4）グォン・ウンミン、38頁。

資家に対し、国有化した財産の価値を十分に補償しなければならない。北朝鮮の文献は、十分な補償の意味に関し、①民事法上の等価補償の原則を背景に、投資された財産価値を、国際市場価格に基づき互いに合意された価格により補償するべきであり、②国家が外国人投資家に支払う補償は、外貨で支払うか、又は本人の要求に基づき、他の土地や代替物で補償しなければならなく、③補償は必ず定められた期間内に行わなければならないと説明している[5]。参考までに、羅先経済貿易地帯法は、国有化された財産の補償と関連し、「差別なく、その価値を適時に十分かつ効果的に補償」しなければならないと規定しており、さらに具体的に十分な補償の内容を規定している（羅先経済貿易地帯法第7条）。

　一方、投資金回収の保障と関連しても、外国人投資の関連法令は、比較的に明確な規定を置いている。外国人投資法は、「外国投資家が企業運営又は銀行業務から得た合法的利潤とその他所得、企業又は銀行を清算して残った資金は、制限なく、我が国の領域外に送金することができる」と規定している（外国人投資法第20条）。また、合営法も同じ趣旨から、「合営企業の外国側投資家は、分配された利潤とその他の所得、企業を清算して受け取った資金を制限なく、我が国の領域外に送金することができる」と規定しており（合営法第42条）、合作法及び外国人企業法もやはり同一な条項を置いている（合作法第16条、外国人企業法第21条）。特に、外貨管理法は、「外国投資家は、企業運営から得た利潤とその他の所得金を共和国領域外に税金なしで送金することができる。投資資産は、税金なしで共和国領域外に持ち出すことができる」と規定してもある（外貨管理法第29条）[6]。このような点に照らして見ると、少なくとも法制度上では、北朝鮮からも投資金の回収が保障されていると言えるだろう。

　参考として、内国民待遇と関連し、外国人投資家が北朝鮮に設立した外国人投資企業に北朝鮮の国営企業（企業所）と同一の待遇を与えなければならないのかについては、多少、議論の余地がある。北朝鮮は、社会主義国家であり、北朝鮮の国営企業は計画経済に基づいて運営されるため、外国人投資企業を北朝鮮の国営企業と同一に待遇することは不可能であり、外国人投資企業にかえって不利に

---

5) 朝鮮投資法案内、88頁。

6) 北朝鮮の外貨管理法は、北朝鮮の機関・企業所・団体と公民だけでなく、北朝鮮領域で外貨収入があったり、外貨を利用する外国投資企業及び外国人に対しても、適用される（北朝鮮外貨取引法第10条）。ただ、特殊経済地帯に対しては、北朝鮮の外貨取引法の適用は排除され、これにより、特殊経済地帯に関する特別法には、外貨に関する規定を別においている（例えば、北朝鮮羅先経済貿易地帯法第65条）。

なることもあり得るだろう[7]。これにより、北朝鮮の文献は、外国人投資企業は
合営法、合作法又は外国人企業法等関連法令に基づいて特別に定めた法秩序であ
る「特別許可制度」に基づいて設立される法人であり、北朝鮮の国営企業との性格
が区分されると説明している[8]。

(3) 投資保護条約及び二重課税防止条約

北朝鮮は、上記で確認した外国人投資誘致に対する努力の一環として、種々の
国家と投資保護条約及び二重課税防止条約を締結した。2014年の下半期を基準と
して、北朝鮮は中国、ロシア、ベトナム等27カ国[9]と投資保護条約を締結してお
り、ロシア、ベトナム等14カ国[10]とは二重課税防止条約を締結した[11]。

参考として、南北間において締結された「南北間の投資保障に関する合意書」と
「南北間の所得に対する二重課税防止の合意書」も、一種の投資保護条約及び二重
課税防止条約に該当するだろう。

(4) リーガルアドバイス

外国人投資家がある国家に投資するためには、該当国家の法制度に関して助言
できるリーガルアドバイザーが必須である。しかし、北朝鮮の場合、外国人投資
家に対してリーガルアドバイスを提供できる民間部門の法律専門家が十分に養成
されていない状態であるため、このような問題を補完するために、北朝鮮当局は
2004年11月に平壌法律事務所を開設した。

平壌法律事務所は、独自的な法人であり、外国人投資企業と外国企業を含めた
外国人投資家に対し、外国投資及び対外民事取引と関連するイシューについて

---

7) グォン・ウンミン、43頁。

8) 朝鮮投資法案内、63頁。

9) 北朝鮮と投資保護条約を締結した国家は、次のとおりである。ナイジェリア、デンマーク、ラ
　オス、ルーマニア、ロシア、リビア、マレーシア、マケドニア、モンゴル、バングラデッ
　シュ、ブルガリア、ベラルーシ、シリア、スイス、スロバキア、シンガポール、エジプト、セ
　ルビア、ベトナム、イラン、インドネシア、イエメン、中国、チェコ、カンボジア、タイ。

10) 北朝鮮と二重課税防止条約を締結した国家は次のとおりである。ラオス、ルーマニア、ロシ
　ア、マケドニア、モンゴル、ブルガリア、ベラルーシ、シリア、スイス、エジプト、ベトナ
　ム、インドネシア、セルビア、チェコ。

11) Investment Guide to the DPRK、25ページ。

I. 外国人投資法　7

リーガルサービスを提供している。北朝鮮の場合、対外的に法令が公開されていない場合が多く、外国人投資家の立場においては、平壌法律事務所からアドバイスの提供を受けるのが安定的な投資執行のために有利であると思われる。参考として、現在、北朝鮮には国家が運営している平壌法律事務所のほかにも、外国の法律事務所の支所が一部設立されていると知られている。

03 外国人投資の関連法令

(1) 法体系全体における外国人投資関連法令の位置づけ

　北朝鮮は、社会主義国家であり、資本主義国家とは相当異なる法体系を持つ。例えば、北朝鮮の企業所は、少なくとも法律上では、全て国営企業であり、資本主義国家において認定される企業とは大きな違いがある。また、北朝鮮は、1972年の憲法改正を通じて公式的な税金制度を廃止し（北朝鮮憲法第25条）、これにより、適切な税金賦課を目的とする会計制度もやはり大きく発展しなかった。このような点は、土地制度においても同様である。土地は、原則的に全て国家や社会協同団体の所有で（北朝鮮憲法第21条、第22条）、個人や私企業に対し、土地を賃借することも許容されない。

　このように、社会主義体制を取っている北朝鮮において、資本主義国家の外国人から投資を受けるためには、不可避的に外国人投資家のみを対象とし、資本主義の国家と類似する法制度を別途制定するほかない。これにより、北朝鮮の法体系では、一連の外国人投資関連法令が独自的な領域を占めている。

　北朝鮮において、外国人投資関連法令の憲法上の根拠は、「国家は、我が国の機関、企業所、団体と、他の国の法人又は個人らとの企業合営と合作、特殊経済地帯における種々の企業創設運営を奨励する」と規定している北朝鮮憲法第37条に規定されてある。上記の憲法条項を基に、外国人投資に関する基本法である北朝鮮の外国人投資法が備えられた。北朝鮮の外国人投資法は、外国人投資の基本原則、外国投資家と外国人投資企業の概念、外国投資企業の設立及び投資の奨励・禁止・制限、投資優待及び特恵条件、外国投資財産の形態、土地賃貸、労働力提供、税金等に対する一般的な原則と手続に関して規定している。また、北朝鮮の外国人投資法に基づき、各部門で具体的かつ多様な法律が備えられている。

I. 外国人投資法　9

(2) 外国人投資関連法令の沿革[12]

北朝鮮の外国人投資関連法令は、1984年合営法をその嚆矢とする。1970年代北朝鮮は、中国やソ連等の社会主義国家からの援助が減少したため、西側諸国から借款を通じた外資誘致を試みたが、第1次オイルショックなどにより、償還に失敗し、債務不履行（Moratorium）を宣言した。そのため、北朝鮮は、持分投資として、償還に対する負担がない合営の形で、外国人投資を誘致しようとしたものとして理解される。そして翌年、合営法と共に、北朝鮮は、合営会社所得税法と外国人所得税法も相次ぎ制定した。これは、公式的に税金がない北朝鮮において、外国人投資家に対し、税金を賦課するために、法令上の根拠が必要であったためであるものと見られる。

その後、1992年から1997年までは、「法の制定時期」と呼べるくらい、外国人投資の関連法令が多数制定された。1992年の憲法改正を通じて、外国人投資奨励に関する憲法第37条を導入したことを始め、外国人投資の基本法である外国人投資法が制定され、新しい外国人投資の形態である合作法と外国人企業法も制定された。また、自由経済貿易地帯法[13]、外国投資企業及び外国人税金法、外貨管理法、土地賃貸法、外国投資銀行法、対外経済契約法、対外民事関係法等も、全てこの頃に制定された。

1998年を基点として、外国人投資の関連法令は、一種の「調整期」を迎える。本格的に金正日体制が始まるにつれ北朝鮮は、内部的に不安定な雰囲気となり、アジア経済危機による外部的な困難に陥っている状態であった。これにより、北朝鮮は、「われわれ式社会主義」を唱えながら、計画部門の秩序回復を核心目標として推進した。これにより、人民経済計画法が制定されるなど、主に内部的な法体系の整備が行われた。ただし、この時期においても、加工貿易法、外国人投資企業破産法などが着実に制定された。

1998年から始まった調整期は、2002年、いわゆる「7.1経済管理改善措置」が発表されてから、新しい局面を迎える。この時期、南北関係が急進展するにつれ、北朝鮮は、外国人投資の対案として南北関係に注目し、その結果、北南経済協力法が備えられた。そして、北南経済協力法に基づき、開城工業地区法、金剛山観光地区法[14]

---

12) 時期の区分については、グォン・ウンミン、198頁以下参照。

13) 自由経済貿易地帯法は、その後、羅津－先鋒経済貿易地帯法（1999年）を経て、羅先経済貿易地帯法（2007年）として改編された。

14) 金剛山観光地区法は、いわゆる「パク・ワンザ氏死亡事件」により廃止され、2011年に金剛山国

などが制定され、これとは別に、新義州特別行政区基本法も制定された。

そして、2011年12月から金正恩体制が発足すると、外国人投資の関連法令の制定・改正も加速化されている。特に、北朝鮮当局は、2013年に経済開発区法を制定し、経済特区を北朝鮮全域に拡大した。

(3) 外国人投資関連法令の構成と体系

北朝鮮の外国人投資関連法令は、外国人投資法を基本法とし、具体的な事項ごとに、種々の部門に区分されている。北朝鮮の文献では、このような部門を①外国投資企業の創設・運営制度、②外国投資企業及び外国人の税金制度、③特殊経済地帯の管理・運営制度、④不動産の賃貸制度、⑤紛争解決、企業解散及び破産制度に区分した事例がある[15]。各部門別に属する法令は次のとおりである。

- 外国投資企業の創設・運営制度：合営法、合作法、外国人企業法、外国投資銀行法、外国投資企業登録法、外国投資企業財政管理法、外国投資企業労働法、対外経済契約法、対外民事関係法、その他関連規定
- 外国投資企業及び外国人税金制度：外国投資企業及び外国人の税金法、外国投資企業会計法、その他関連規定
- 特殊経済地帯の管理・運営制度：羅先経済貿易地帯法、経済開発区法、金剛山国際観光特区法、新義州特別行政基本法、黄金坪・威化島経済地帯法、その他関連規定
- 不動産の賃貸制度：土地賃貸法、その他関連規定
- 紛争解決、企業解散及び破産制度：対外経済仲裁法、外国人投資企業破産法、その他関連規定

一方、外国人投資の関連法令は、独自的な法律分野を構成しながら、他の法律分野に属する関連法令とも密接な関係のもとで施行される。このような法令には、外貨管理法、税関法、環境保護法、民法、民事訴訟法、発明法、工業図案法、商標法、原産地名法、出入国法、貿易法、加工貿易法などが含まれる。

際観光特区法に代替された。

15）朝鮮投資法案内、55頁。

04 外国人投資に関する主要事項

(1) 外国人投資に関する主要用語

外国人投資法は、外国人投資に関する主要用語を定義している（外国人投資法第2条）。特に、「外国投資家」、「外国投資企業」、「外国人企業」、「外国企業」のように、お互い意味の区別がつかない用語が使用されているが、関連制度の正確な理解のため、各用語の意味を前もって確認する必要がある。

- 外国投資家：北朝鮮に投資する他国の法人と個人を総称する。
- 外国投資企業：北朝鮮に設立されたか、又は所得源泉がある外国人投資企業及び外国企業を総称する。
- 外国人投資企業：外国投資家が北朝鮮に設立した合営企業、合作企業及び外国人企業を総称する。
- 外国企業：北朝鮮内に所得源泉がある他国の機関・企業所、個人及びその他経済組織と北朝鮮内にある外国企業の支社、代理店、事務所、出張所などを意味する。

一方、北朝鮮は、外国人投資家が北朝鮮に設立できる現地法人である外国人投資企業の形態を合営企業、合作企業及び外国人企業として区分している。各類型の外国人投資企業間の違いについては、次項で説明する。

(2) 外国人投資企業の類型

外国人投資法は、外国人投資企業の形態を合営企業、合作企業及び外国人企業で区分しており、各類型の外国人投資企業に関し別々の法令（合営法、合作法、

12　北朝鮮投資ガイド

外国人企業法）が備えられている。全体的に、合営企業、合作企業及び外国人企業は、有限会社（limited company）として設立されるが、開城工業地区に設立される外国人投資企業（全て外国人企業に該当する）は、株式会社の形態で設立される。参考として、北朝鮮は、国内企業に該当する「企業所」に対して企業所法を置いているが、外国人投資企業に対しては、企業所法の適用が排除される（企業所法第10条）。

　簡単に述べると、「合営企業」は、北朝鮮側の投資家と外国側の投資家が共同で投資・運営し、持分（投資分）に基づいて利潤を分配する企業であり、「合作企業」は、北朝鮮側の投資家と外国側の投資家が共同で投資し、北朝鮮側の投資家が単独で運営し、外国側の投資家の持分を償還したり、又は利潤を分配する企業を言う。そして、「外国人企業」は、外国側の投資家が単独で投資し、運営する企業を言う。

　まず、合営企業は、共同投資のうち、いわゆる「出資式共同投資（Equity Joint Venture）」を具現したものである[16]。一般的に、共同投資は、「出資式共同投資」と「契約式共同投資」に区分されるが、出資式共同投資には、主に株式会社（joint stock company）や有限会社（limited liability company）などの法人が利用され、契約式共同投資には、主に組合（partnership）や合資組合（limited partnership）が利用される。このうち、合営企業は、有限会社の形態を取った出資式共同投資である。これにより、合営企業の投資家は、企業の債務に対し、自己投資額の範囲内に限って責任を負い、投資家双方が企業運営に参加できるよう、理事会と財政検閲員[17]を置き、企業の利潤から税金を納付した残余分を当事者らの持分比率に基づき分配する。

　その反面、合作企業は、「契約式共同投資（Contractual Joint Venture）」を北朝鮮の現実に合わせ具現したものとして見られる。北朝鮮の企業所は、社会主義下の国営企業であり、利潤追求には適合しないため、企業所が直接外国投資家と契約式共同投資、言い替えると、組合を構成することは不適切である。したがって、合作法は、一旦、外国投資家と組合を構成する主体である合作企業を設立した後、合作企業が主体となり、外国投資家との契約を通じて共同投資を運営する

16）北朝鮮の文献は、合営企業をEquity Joint Venture、合作企業をContractual Joint Ventureとして各々翻訳している（Investment Guide to the DPRK、23頁）。

17）理事会は、その名称とは別に、最高意思決定機関であるという点において（合営法第16条）、株主総会（社員総会）と類似する性格をもつ。そして、財政検閲員は、企業の財政状態を検閲する点において（合営法第19条）、監事と類似する機能をもつ。

I. 外国人投資法　13

ようにしている。これにより、合作企業の場合、投資は北朝鮮側の投資家と外国側の投資家が共同で行うが、運営は北朝鮮側が単独で行う特性がある。また、合作企業は、利益の分配に関しても、契約に基づいて外国人投資家の持分を一定の期間内に利息を付けて償還したり（償還型企業）、又は持分率に基づいて分配すること（利潤分配型企業）が可能である。これにより、合作企業に損失が発生する場合、償還型の合作企業の場合、企業が損失を負担するが、利潤分配型の合作企業の場合、契約で定めたところにより損失を負担する。合作企業の経営は、北朝鮮側の投資家が単独で遂行するため、非常設共同協議機構のみを構成することになり、理事会などの常設機構は構成しない。

外国人企業（Wholly Foreign-owned Enterprise）は、外国人投資家が単独又は共同で資本の全部を保有する形態の外国人投資企業である。外国人企業は、外国人投資者が単独で保有する企業であるため、企業運営に関する事項も外国人投資家が自律的に定め、北朝鮮側の投資家との利潤分配の問題は発生しない。

これまで説明した合営企業、合作企業及び外国人企業の違いを要約すると、下記のとおりである[18]。

	投資方法	運営方法	分配方法	
			利益	損失
合営企業	共同	共同	共同	共同
合作企業	共同	単独 （北朝鮮側）	共同又は償還	単独（北朝鮮側） 又は契約
外国人企業	単独（外国側）	単独（外国側）	単独（外国側）	単独（外国側）

このような法令を背景に、北朝鮮には、2014年現在、371個の外国人投資企業（特殊経済地帯に設立された外国人投資企業は除く）が設立されていると言われている[19]。

---

18) 朝鮮投資法案内、79頁。
19) Investment Guide to the DPRK、34頁。

14　北朝鮮投資ガイド

(3) 外国人投資の当事者

　北朝鮮の外国人投資関連法令は、外国人投資の当事者に関し、別段の制限を設けていない。むしろ、外国人投資法は、「他国の法人と個人は、我が国に投資できる。」と規定してもいる（外国人投資法第5条）。したがって、外国法人及び外国人は、特別な制限なしで北朝鮮に投資することができる。

　ただ、韓国の投資家に対し、外国人投資の関連法令が適用されるのかは、必ずしも明確ではない。外国人投資法は、「海外同胞も、この法に基づいて投資することができる」と規定しているが（外国人投資法第5条）[20]、ここで言う「海外同胞」に韓国の住民及び団体も含まれるのだろうか。これに関して、北朝鮮の文献は、「南朝鮮企業家らの投資関係は、共和国の外国投資関係法により規制されず、北南経済協力関連法規から別途規制している」とし、海外同胞に韓国の住民及び団体が含まれていないことを明らかにしている[21]。ただし、北南経済協力法は、南北経済協力に対し、「当国間の合意と該当法規、それに伴う北南当事者間の契約に基づく」と規定しているが（北南経済協力法第7条）、ここで言う「該当法規」は、外国人投資の関連法令を含めた北朝鮮の法令になるだろう。したがって、南北経済協力の関連法令で具体的に定めていない事項に関しては、結局、外国人投資の関連法令が適用されるものとして見られる。

(4) 外国人投資企業の設立・運営地域

　過去、外国人投資法、合営法及び合作法は、合営企業と合作企業を羅津・先鋒経済貿易地帯に設立するのを基本としながら、必要に応じて、他の地域にも設立できるようにした。しかし、2006年の改正法では、合営企業及び合作企業を「共和国領域内において」設立できるように単純化し、2011年の改正法律では、このような文言自体を削除した。これにより、合営企業と合作企業の設立・運営地域に関し、法律では別段の制約がないものとして見られる。

　その反面、外国人企業の場合、依然として「定められた地域」で設立・運営され

---

20) この条項に関して、北朝鮮は、海外同胞の投資はもともと外国人投資の領域に属するものではないが、これに準じて処理するとする基本原則を外国人投資法に規定したものだと解釈する説明がある（グォン・ウンミン、36頁）。

21) 朝鮮投資法案内、60頁。

ることを前提としており（外国人企業法第6条）、投資地域に一定の制限を置いている。実際、最近発刊された北朝鮮の文献は、合営企業と合作企業の場合、設立地に関し制限はないが、外国人企業の場合、特殊経済地帯においてのみ設立が可能であると説明している[22]。

(5) 投資奨励部門と投資制限部門

　外国人投資法に基づき、外国投資家は、工業、農業、建設、運輸、通信、科学技術、観光、流通、金融のような種々の部門に投資することができる（外国人投資法第6条）。特に、「先端技術をはじめ、現代的な技術と国際市場において競争力が高い製品を生産する部門、下部構造建設部門、科学研究及び技術開発部門に対する投資」は特に奨励され（外国人投資法第7条、合営法第3条、合作法第3条）、この部門に投資して設立された外国人投資企業は、所得税をはじめ、種々の税金の減免、有利な土地利用条件の保障、銀行貸付の優先的な提供のような優待を受ける（外国人投資法第8条）。また、これとは別に、国家は、特殊経済地帯内に創設された外国投資企業に対し、物資購入及び搬入出、製品販売、労力採用、税金納付、土地利用のような分野において特恵的な経営活動条件を保障される（外国人投資法第9条）。

　その反面、一般的に、①国の安全と住民らの健康、健全な社会道徳生活に阻害を与える対象、②資源輸出を目的とする対象、③環境保護基準に合わない対象、④技術的に遅れている対象、⑤経済的な効果性が少ない対象には、外国人投資家の投資が禁止又は制限される（外国人投資法第11条）。また、合営企業と合作企業については、環境保護基準を超過する対象、自然富源（自然資源）を輸出する対象、経済的技術が遅れている対象、経済的実利が少ない対象、食堂、商店のようないわゆる「サービス業」対象への投資が禁止又は制限され（合営法第4条、合作法第4条）、外国人企業は国の安全に支障を与えたり、又は技術的に遅れている対象への投資が禁止される（外国人企業法第3条）。

　投資制限部門と関連しては、特に「資源輸出を目的とする対象」に注意が必要である（外国人投資法第11条第2号）。Investment Guide to the DPRKは、これを「Projects for the purpose of exporting unprocessed natural resources」と翻訳しているが[23]、これに照らして見ると、北朝鮮は、全く加工されていない自然資源を

---

22) Investment Guide to the DPRK、24頁。

23) Investment Guide to the DPRK、13頁。

輸出することを制限している。このような傾向は、自国の地下資源を保護し、地下資源の加工による技術発展を促進するために、東南アジアをはじめとする開発途上国がよく取る戦略であり、北朝鮮の地下資源の開発に関心を持っている投資家としては留意が必要な部分である[24]。

---

24) 同じような脈絡で、北朝鮮当局が2013年に「地下資源法」を改正しながら、地下資源開発の管理主体を国家地下資源開発審議機関から非常設資源開発審議委員会に変更し、実査と承認、建設など許可手続を厳しく変更した点も一緒に考慮する必要がある（地下資源法第17条、第18条、第20条参照）。

外国人投資企業 Ⅱ

01. 外国人投資企業の概要

02. 外国人投資企業の創設、出資及び営業許可

03. 外国人投資企業の管理機構

04. 外国人投資企業の決算及び分配

05. 外国人投資企業の存続期間及び解散

06. 外国人投資企業の破産

北朝鮮投資ガイド

01 外国人投資企業の概要

　外国投資に関する基本法である「朝鮮民主主義人民共和国外国人投資法」（以下「外国人投資法」）[25] に加え、外国人投資企業の種類、外国人投資企業の創設及び運営に適用される法令は、次のとおりである。下記法令により規制されない事項については、北朝鮮の該当法律と規定に従う（合営法第8条、合作法施行規定第13条、外国人企業法施行規定第8条）。外国人投資企業の登録には、朝鮮民主主義人民共和国の外国投資企業登録法（以下「登録法」）、外国人投資企業の登録規定（以下「登録規定」）が適用される[26]。法律で規定されていない細部事項は、施行規定で定めているが、現在まで確認された施行規定には、改正法の最新内容が反映されていない場合があるため、留意する必要がある。以下では、現在まで確認された法律と施行規定に基づき外国人投資企業に関する事項を整理し、Investment Guide to the DPRK、中国商務省の対外投資協力国家別（地域別）案内（2017年版）（対外投資合作国別（地区）指南、Guide for Countries and Regions on Overseas Investment and Cooperation of the 2017 edition）北朝鮮編（以下「中国対外投資案内」）などにおいて確認された事項を別途明示、追加した。

25）「外国人投資法」とは、2011年11月29日の最高人民会議常任委員会政令第1991号により修正、補充されたものを意味する。

26）登録法とは、2011年12月21日最高人民会議常任委員会政令第2049号により、修正、補充されたものを意味し、登録規定とは、2005年1月17日内閣決定第4号により、修正されたものを意味する。特殊経済地帯における外国投資企業の登録（創設登録、住所登録、税務登録、税関登録）秩序は、別途定めたところによる（登録法第8条）。

Ⅱ. 外国人投資企業　21

	合営企業	合作企業	外国人企業
法令	「朝鮮民主主義人民共和国合営法」（以下「合営法」）、「朝鮮民主主義人民共和国合営法施行規定」（以下「合営法施行規定」又は「同法施行規定」）27)	「朝鮮民主主義人民共和国合作法」（以下「合作法」）、「朝鮮民主主義人民共和国合作法施行規定」（以下「合作法施行規定」又は「同法施行規定」）28)	「朝鮮民主主義人民共和国外国人企業法」（以下「外国人企業法」）、「朝鮮民主主義人民共和国外国人企業法施行規定」（以下「外国人企業法施行規定」又は「同法施行規定」）29)
定義	北朝鮮の機関、企業所、団体（以下「北朝鮮側の投資家」）と、他国の法人と個人、海外朝鮮同胞（以下「外国側の投資家」）が共同で投資、創設し、共同で運営することにより出資持分に基づいて利潤を分配する企業（外国人投資法第2条第6号、合営法施行規定第2条、第3条）	北朝鮮側の投資家と外国側の投資家が共同で投資、創設し、北朝鮮側の投資家が生産と経営をし、合作契約に基づいて外国側の投資家の出資持分を償還したり、又は利潤を分配する企業（外国人投資法第2条第5号、合作法施行規定第2条、第3条）	外国投資家（海外朝鮮同胞を含む）が企業設立に必要な資本の全部を投資して創設し、独自に経営活動をする企業（外国人投資法第2条第7号、外国人企業法第2条）
設立地域	制限なし。	制限なし。	定められた地域（以下「地域」）（外国人企業法第6条、施行規定第2条）
権利及び責任	合営企業は、当事者が出資した財産と財産権に対する所有権を持ち、独自に経営活動を行い、経営活動の過程で発生した債務に対して自己の登録資本で責任を負担する（合営法第5条）。	当事者が出資した財産と企業運営の過程で増えた財産に対する所有権を持ち、独自に経営活動を行い（合作法施行規定第8条）、自己所有財産の範囲内で企業の債務に対する責任を負担する（合作法施行規定第9条）。	

---

27) 合営法とは、2014年10月8日最高人民会議常任委員会政令第173号により修正、補充されたものを意味し、合営法施行規定とは、2005年1月17日内閣決定第4号により修正されたものを意味する。

28) 合作法とは、2014年10月8日最高人民会議常任委員会政令第173号により、修正、補充されたものを意味し、合作法施行規定は、2004年12月28日内閣決定第57号により、修正補充されたものを意味する。

29) 外国人企業法とは、2011年11月29日最高人民会議常任委員会政令第1994号により、修正、補充されたものを意味し、外国人企業法施行規定とは、2005年8月1日内閣決定第22号により、修正されたものを意味する。

	合営企業	合作企業	外国人企業
法的保護	・外国人投資法は、外国投資家の投資を奨励し、投資家らの合法的な権利と利益を保護するのに資する（外国人投資法第1条）。 ・外国投資家の合法的な権利と利益を保護し、外国人投資企業の経営活動条件を保障する（外国人投資法第4条）。 ・外国投資家と外国人投資企業の財産を国有化したり、又は取り上げたりせず、社会公共の利益と関連してやむを得ず取り上げなければならない場合には、事前に通知し、法的手続を経て、その価値を十分に補償する（外国人投資法第19条）。 ・外国人投資企業の経営活動と関連する秘密を法的に保障し、外国投資家の同意を得ずに公開しない（外国人投資法第21条）。		
	合営企業の合法的な権利と利益は、法的に保護される（合営法第6条）。	同左（合作法施行規定第10条）	外国投資家が投資した資本と企業運営から得た所得を法的に保護し（外国人企業法第4条）、企業の合法的な活動は国家の法的な保護を受ける（外国人企業法施行規定第4条）。
企業書類の言語	企業の書類は、朝鮮語で作成されなければならなく、合営当事者らが合意して外国語で作成する場合には朝鮮語の翻訳文を添付しなければならない（合営法施行規定第6条）。	企業の書類は、朝鮮語で作成されなければならなく、外国側の投資家が要求する場合には外国語の翻訳文を添付することができる（合作法施行規定第12条）。	会計書類と北朝鮮の機関等に提出する書類は、朝鮮語で作らなければならなく、企業の書類を外国語で作成した場合には朝鮮語の翻訳文を添付しなければならない（外国人企業法施行規定第6条）。
優待	国家は、特殊経済地帯内に創設された外国投資企業に対し、物資購入及び搬出入、製品販売、採用、税金納付、土地利用等種々の分野において特恵的な経営活動条件を保障する（外国人投資法第9条）。		
	奨励対象の合営企業、海外同胞と創設する合営企業は、税金の減免、有利な土地利用条件の保障、銀行貸付の優先的提供のような優待を受けられる（合営法第7条）。	同左（合作法第5条）	

 外国人投資企業の創設、出資及び営業許可

(1) 投資部門

関連法令に基づく外国人投資企業の投資可能部門、投資奨励部門、投資禁止又は制限部門は、次のとおりである。

区分	投資可能部門	投資奨励部門	投資禁止又は制限部門
外国人投資法	工業、農業、建設、運輸、通信、科学技術、観光、流通、金融（第6条）	先端技術をはじめとする現代的技術と国際競争力が高い製品を生産する部門、下部構造建設部門、科学研究及び技術開発部門（第7条） 所得税をはじめとする種々の税金の減免、有利な土地利用条件の保障、銀行貸付の優先的提供のような優待の提供（第8条）	• 国の安全と住民の健康、健全な社会道徳生活に阻害を与える対象 • 資源輸出を目的とする対象 • 環境保護基準に合わない対象 • 技術的に遅れている対象 • 経済的効果が低い対象（第11条）
合営法及び同法施行規定	生産部門に創設することを基本とする（合営法第2条）。 機械工業、電子工業、情報産業、科学技術、軽工業、農業、林業、水産業、建設建材工業、交通運輸、金融（合営法第3条） 科学技術部門、電子、自動化、機械製作、金属、採取、動力、建設、製薬、化学工業、建設、運輸、金融部門（施行規定第8条）	先端技術の導入、科学研究及び技術開発、国際競争力の高い製品生産、下部構造建設（合営法第3条） 先端技術のような現代的技術を受け入れる対象、国際競争力が高い製品を生産する対象、科学研究及び技術開発対象、地下資源開発及び下部構造建設対象（施行規定第9条） 税金の減免、有利な土地利用条件の保障、銀	環境保護基準を超過する対象、加工されていない資源を輸出する対象、経済技術的に遅れている対象、経済的な実利が少ない対象、食堂や商店等のサービス業対象（合営法第4条） 禁止： 北朝鮮が別途定めた部門の対象、北朝鮮の安全と社会共同の利益に阻害を与える対象（施行規定第11条） 制限：

区分	投資可能部門	投資奨励部門	投資禁止又は制限部門
		行貸付の優先的提供のような優待を受けられる（合営法第7条）。	環境保護基準を超過する対象、設備と生産工程が経済技術的に遅れている対象、北朝鮮の資源を加工せずそのまま輸出する対象、経済的な効果が少ない対象（施行規定第12条）
合作法及び同法施行規定	生産部門を基本とする（合作法第2条）。 輸出製品を生産する部門、先進技術が導入された製品を生産する部門（施行規定第4条）	同上（合作法第3条、第5条、施行規定第5条、第6条）	同上（合作法第4条、施行規定第7条）
外国人企業法及び同法施行規定	電子工業、自動化工業、機械製作工業、食料加工工業、被覆加工工業、日用品工業、運輸及びサービスなど種々の部門（外国人企業法第3条） • 電子工業、自動化工業、機械製作工業、動力工業部門 • 食料加工品、被覆加工工業、日用品工業部門 • 建材工業、製薬工業、化学工業部門 • 建設、運輸及びサービス部門 • その他必要な部門（施行規定第9条） 次の条件のうち一つ以上を満たすことにより、創設が可能（施行規定第10条）。 • 先端技術をはじめとする現代技術と最新設備で装備されなければならない。 • 国際競争力が強い輸出製品を生産できな		北朝鮮の安全に支障を与えたり、又は技術的に遅れている企業は創設できない（外国人企業法第3条）。 承認不可（施行規定第11条）： • 北朝鮮の安全に危険を与えたり、又は支障を与え得る場合 • 人民の健康保護と、国土及び資源に被害を与え得る場合 • 設備と生産工程が経済技術的に遅れている場合 • 生産製品が国内外での需要がなかったり、又は少ない場合 • 業種と経営方法が人民の健全な思想感情と生活気風に合わなかったり、又は否定的な影響を及ぼす可能性がある場合 禁止（施行規定第12条）： • 出版、報道、放送部門

II. 外国人投資企業　25

区分	投資可能部門	投資奨励部門	投資禁止又は制限部門
	ければならない。 • 生産製品の質を世界的水準にまで高められなければならない。		• 教育、文化、保健部門 • 逓信部門 • その他国家が禁止する部門

(2) 創設手続

外国人投資企業の創設手続は、次のとおりである。

	合営企業	合作企業	外国人企業
手続の進行担当者	北朝鮮側の投資家が企業の創設手続を進める[30]。	同左	外国投資家が直接又は代理人を通じて企業の創設手続を進める（外国人企業法施行規定第13条）。
合営/合作契約、企業規約、経済技術打算書類草案の作成	北朝鮮側の投資家は、外国側の投資家と一緒に合営契約書類、企業の規約、経済技術打算書類の草案を作成しなければならない（合営法第9条、施行規定第13条）。	北朝鮮側の投資家は、合作契約書類の草案、経済技術打算書類の草案を作り、関係機関と協議した後、外国側の投資家と一緒に合作契約書類、企業の規約、経済技術打算書類を作成しなければならない（合作法第6条、施行規定第15条）。	企業創設申請書類には、企業の名称と住所、総投資額と登録資本、業種、従業員数、存続期間のような事項を明らかにした企業創設申請書と規約の写し、経済技術打算書、投資家の資本信用確認書などが含まれる（外国人企業法第7条）。
	合営契約書類には、契約当事者の権利と義務などの内容が含まれなければならない（合営法施行規定第14条）。	同左（合作法施行規定第16条）	
	企業の規約には、出資者、機構などの内容が含まれなければならない（合営法施行規定第15条）。	同左（合作法施行規定第17条）	同左（外国人企業法施行規定第15条） 経済打算書類には、技術分析資料、段階別の

---

30) Investment Guide to the DPRK、38頁。

	合営企業	合作企業	外国人企業
	経済技術打算書類には、段階別の収益性打算資料、技術的分析資料などが含まれなければならない（合営法施行規定第16条）。	同左（合作法施行規定第18条）	収益性打算資料などが含まれなければならない（外国人企業法施行規定第16条）。
関係機関の合意	北朝鮮側の投資家は、合営企業に関する創設承認書類の内容を明示した合意依頼書類[31]を該当関係機関（国家計画機関、中央財政機関、中央科学機関など（ただし、Investment Guide to the DPRKによると、国家計画機関、中央財政指導機関、中央科学技術行政機関）[32]に提出し、関連事項を合意しなければならない（合営法施行規定第17条）。	同左（合作法施行規定第19条）	同左（外国人企業法施行規定第14条）
企業創設申請書類の作成及び提出	投資管理機関に合営契約書の写し、合営企業規約の写し、経済技術打算書などを添付した合営企業創設申請書類を提出しなければならない（合営法第9条）。	同左（合作法第6条）	企業創設申請書類（企業の名称と住所、総投資額と登録資本、業種、従業員数、存続期間等を明らかにした企業創設申請書と規約の写し、経済技術打算書、投資家の資本信用確認書などを含む）を投資管理機関に提出しなければならない（外国人企業法第7条）。
	合営企業創設申請書類は、企業名称、合営当事者、投資額（登録資本、出資額）、業種、予定利潤と分配などに	同左（合作法施行規定第23条）	外国人企業創設申請書類には、投資家名、企業名称、責任者名、業種、投資額、登録資本、投資方式、生産契

31）Investment Guide to the DPRKによると、企業創設申請書類の内容を明示した合意依頼書類に契約書、企業規約、経済技術打算書、外国側投資家の信用確認書類を添付しなければならない(38頁)。

32）Investment Guide to the DPRK、38頁。参考までに、中国対外投資案内には、国家建設監督機関、国土環境保護機関も言及されている(67頁)。

	合営企業	合作企業	外国人企業
	関する内容を含むものであり、合営契約書類、企業規約、経済技術打算書類、該当機関の合意書類、合営当事者の取引銀行信用確認資料等が添付されなければならない（合営法施行規定第21条）。		約などに関する内容が含まれなければならず、企業規約、経済打算書類、投資家と関連した証明書類、投資する機械設備及び資材の明細、投資する工業所有権、技術秘訣とそれに対する説明書類、投資家の資本信用確認書類などが添付されなければならない（外国人企業法施行規定第14条、第17条、第18条）

- 外国人投資企業を創設する場合、投資管理機関（該当中央機関、特殊経済地帯管理機関）の承認を受けなければならない（外国人投資法第3条）。
- Investment Guide to the DPRKによると、中央投資管理機関の承認を受けなければならない[33]。

	合営企業	合作企業	外国人企業
企業創設審査承認	中央投資管理機関は、合営企業創設申請書類を受け付けた日から30日以内に審議し、承認した場合には申請者に合営企業創設承認書を発給し、否決した場合にはその理由を明らかにした否決通知書を送る（合営法第9条）[34]。	同左（合作法第6条）	同左（外国人企業法第8条）
企業創設日	企業創設承認書類の発給を受けた日（合営法施行規定第23条）	同左（合作法施行規定第25条）	同左（外国人企業法施行規定第21条）
公印登録及び口座開設	合営当事者は、関連法令及び企業創設承認書類に基づき、企業の公印を彫刻して登録し、取引する該当銀行に口	同左（合作法施行規定第26条）	同左（外国人企業法施行規定第22条）

33）Investment Guide to the DPRK、38頁。

34）合営企業創設承認書類には、企業の名称と所在地、合営当事者名、総投資額と登録資本、合営当事者の出資持分と出資額、出資期間、企業の存続期間、操業予定日付、業種と経営範囲、口座を開設する銀行、管理機構と従業員数（このうち外国人の数）、その他に必要な内容が記載され、否決通知書類には、否決根拠、勧告する内容が記載される。

	合営企業	合作企業	外国人企業
	座を開設しなければならない（合営法施行規定第24条)[35]。		
企業登録 (創設登録)	合営企業創設承認書の発給を受けた当事者は、30日（ただし、Investment Guide to the DPRKによると、90日)[36]以内に、企業所在地の道（直轄市）人民委員会又は特殊経済地帯管理機関（ただし、Investment Guide to the DPRK及び登録法第9条によると、中央投資管理機関)[37]に登録しなければならない（合営法第10条）。 中央投資管理機関は、企業登録申請書類の内容を確認した後、企業の登録を行い、企業登録証を発給する[38]。	同左（合作法第7条）	同左（外国人企業法第9条） 外国人企業は、企業登録証の発給を受けた後、土地賃貸機関と土地賃貸借契約を締結しなければならず[39]、外国投資家は、外国人企業を創設するに必要な建設を北朝鮮の建設機関に委託して行うことができる（外国人企業法第11条）。

- 外国投資企業は、創設登録、住所登録、税務登録、税関登録が義務付けられ、未登録の外国投資企業を運営することはできない（登録法第4条）。
- 外国投資企業の創設登録は、投資管理機関が行い、住所登録は企業所在地の道（直轄市）人民委員会、税務登録は該当財政機関、税関登録は該当税関が行う（登録法第3条）。特殊経済地帯の外国投資企業の登録秩序は、別に定めたところによる（登録法第8条）。
- 投資管理機関は、外国投資企業の創設を登録した場合、外国人投資企業に企業創設登録証を発給しなければならない（登録法第10条）。
- 外国人投資企業は、中央投資管理機関に創設登録を行った日（Investment Guide to the DPRKによると、企業登録証の発給を受けた日)[40]から北朝鮮の法人となり（登録法第11条、合営法第6条）、企業登録証は、北朝鮮の法人であることを証明する法的証書になる（登録規定第12条）。

---

35) Investment Guide to the DPRK、38頁。

36) Investment Guide to the DPRK、38頁。

37) Investment Guide to the DPRK、39頁。

38) Investment Guide to the DPRK、39頁。

39) Investment Guide to the DPRK、39頁。

40) Investment Guide to the DPRK、39頁。

	合営企業	合作企業	外国人企業
	• 企業登録申請書類には、企業の名称、企業の形式、企業の住所地、法人代表、総投資額と登録資本、経営活動範囲、存続期間等を明らかにし、該当取引銀行の口座開設確認書類、該当機関の公印登録確認書類、総投資額の30%以上出資を確認した該当検証機関の検証書類を添付しなければならない[41]。		
住所登録	• 外国投資企業は、企業登録証（創設登録証）を受けた日から30日以内に、企業所在地の道（直轄市）人民委員会に住所登録申請書（企業登録証の写しを添付）を提出し（登録法第15条、第16条）、これを受け付けた道（直轄市）人民委員会は、適時検討し、承認した場合には住所登録証を発給する（登録法第17条）。 • 住所登録を行ってない外国投資企業は、水、電気、通信のような経営活動に必要な条件の保障を受けることができない（登録法第18条）。 • 住所登録証の有効期間は、3年とし、これを延長しようとする外国投資企業は、有効期間が終わる15日前に、有効期間の延長登録を行わなければならない（登録法第21条）。		
税務登録	税務登録は、道（直轄市）人民委員会又は特殊経済地帯管理機関に登録した日から20日以内に行う（合営法第10条）。	同左（合作法第7条）	同左（外国人企業法第9条）
	外国投資企業は、住所登録を行った日から20日以内に該当財政機関に税務登録申請書（創設登録証と住所登録証の写しを添付）を提出し（登録法第23条）、これを受付けた財政機関は、10日以内に検討し、承認した場合には、税務登録証を発給する（登録法第24条）。		
税関登録	税関登録は、道（直轄市）人民委員会又は特殊経済地帯管理機関に登録した日から20日以内に行う（合営法第10条）。	同左（合作法第7条）	同左（外国人企業法第9条）
	外国投資企業は、住所登録を行った日から20日以内に、該当税関に税関登録申請書（創設登録証、住所登録証の写し、銀行の財政担保書、その他税関が要求する書類を添付）を提出しなければならなく（登録法第29条）、これを受け付けた税関は、5日以内に検討し、承認した場合には、税関登録台帳に登録する（登録法第30条）。		
支社等設立	外国人投資企業は、北朝鮮又は外国に支社、事務所、代理店、子会社等の設立、外国会社との連合が可能であり（外国人投資法第13条）、支社、代理店、出張所などを設立するためには、中央投資管理機関の承認を受けなければならない[42]。		

41）Investment Guide to the DPRK、39頁。

42）Investment Guide to the DPRK、39頁、44頁。

	合営企業	合作企業	外国人企業
	合営企業は、投資管理機関の承認を受け、北朝鮮又は他国に支社、事務所、代理店等を設立できる（合営法第13条）。		同左（外国人企業法第10条）

(3) 出資手続

外国人投資企業の出資目的物及び手続は次のとおりである。

	合営企業	合作企業	外国人企業
根拠	中央投資管理機関が承認した合営契約書類に基づいて出資しなければならない（合営法施行規定第29条）。	同左（合作法施行規定第36条）	同左（外国人企業法施行規定第27条）
出資比率	合営企業に出資する持分は、合営当事者が合意して定める（合営法第11条）。 総投資額[43]における登録資本[44]の比率は、30〜50%以上を占めなければならないが（合営法第15条）、総投資と登録資本の比率は中央投資管理機関の承認を受け、変更することもできる（合営法施行規定第45条）。 総投資額と登録資本の差額は、借入金で充当できる（合営法施行規定第45条）。	同左（合作法施行規定第37条） 同左（合作法施行規定第53条）	登録資本の規模（外国人企業法施行規定第28条） 総投資額 / 登録資本 4億5千万ウォンまで / 総投資額の65%以上 4億5千万ウォン以上から15億ウォンまで / 総投資額の45%以上 15億ウォン以上から45億ウォンまで / 総投資額の35%以上 45億ウォン以上 / 総投資額の30%以上

---

43) 総投資額とは、合営企業を創設・運営するために必要な資金の総額を意味する。

44) 登録資本は、合営企業が中央投資管理機関に登録した企業の自己資本であり、合営当事者が出資する金額の総額とする。

	合営企業	合作企業	外国人企業
	ただし、Investment Guide to the DPRKでは、合営企業、合作企業での外国投資家による出資比率は、法的に制限されず、投資当事者らの間で合意して定め、合営企業、合作企業の総投資額における出資総額（登録資本）の比率は、企業の規模によって30〜50%以上とし、特許権、商標権、工業図案権のような知的財産権の出資は、登録資本の20%を超過できないと記述されている[45]。		
出資財産の種類	• 外国投資家は、貨幣財産、現物財産、工業所有権のような財産と財産権で投資することができる（外国人投資法第12条）。 • Investment Guide to the DPRKによると、貨幣財産、現物財産、工業所有権、著作所有権、土地利用権、資源開発権のような財産権のみならず、技術秘訣でも出資することができる[46]。		
出資財産の要件	貨幣財産、現物財産、工業所有権、土地利用権、資源開発権などの財産権（合営法第11条） 外国人投資家が出資する現物財産は、投資家の所有でありながら、合営企業の生産に必須的なものであり、北朝鮮に存在しないか、又は北朝鮮で生産されるとしても質的及び量的需要を満たしてないものでなければならない（合営法施行規定第31条）。 工業所有権、技術秘訣（以下、総称して「技術」）、著作所有権の出資は、次のうち一つ以上の要求条件を満たさなければならない（合営法施行規定第32条）。 • 新しい製品を生産したり、輸出製品を生産できること。 • 製品の質と生産性を高めること。	貨幣財産、現物財産、工業所有権、技術秘訣、著作所有権（合作法施行規定第38条） 同左（合作法施行規定第39条） 技術、著作所有権の出資は、次のような条件を満たさなければならない（合作法施行規定第40条）。 • 新しい製品又は輸出品を生産できたり、現存する生産設備と機械の性能を改造し、製品の質と生産性を高められること。 • 原料、資材、労力、燃料、動力を大幅に節約し、北朝鮮の資源を合理的に利用できること。	貨幣財産、現物財産、工業所有権、技術秘訣（外国人企業法施行規定第32条） 投資する現物財産、工業所有権、技術秘訣は、次の条件に合わなければならない（外国人企業法施行規定第34条）。 • 投資家の所有権又は利用権に属すること。 • 競争力が強い輸出製品を生産できること。 • 工業所有権と技術秘訣の評価額が登録資本の20%を超過していないこと。

---

45) Investment Guide to the DPRK、40頁。

46) Investment Guide to the DPRK、40頁。

	合営企業	合作企業	外国人企業
	• 労働力、原料、動力を大幅に節約したり、北朝鮮の資源を十分に利用できること。 • 労働安全を保障し、環境を保護できること。 • 経済組織と経営管理を改善できること。 特許権、商標権、工業図案権のような知的財産権の出資は、登録資本の20%を超過できない（合営法第14条）。	• 労働安全を保障し、環境を保護できること。	
出資財産の価格	投資する財産と財産権の価値は、該当時期の国際市場価格に基づき、当事者の間の合意に基づいて評価する（外国人投資法第12条)[47]。		
	出資する財産又は財産権の価格は、該当時点の国際市場価格に準じて、当事者が合意して定める（合営法第11条）。	同左（合作法施行規定第44条）	投資する現物財産、工業所有権、技術秘訣の価格は、外国人企業が該当時期の国際市場価格に準じて定める（外国人企業法施行規定第33条）。
出資手続	出資は、次のように行った場合に認められる（合営法施行規定第36条）。 • 現金：取引銀行の企業口座に入金した場合 • 不動産：所有権又は利用権を企業に移転する手続を完了し、該当財産登録機関に登録した場合 • 不動産以外の現物財産：所有権又は利用権の移転手続を完了し、企業内に移転した場合 • 財産権（工業所有権、著作所有権）：該当所有権証書を企業に移転する手続を完了した場合	貨幣財産、不動産、不動産以外の現物財産、工業所有権、著作所有権については、同左（合作法施行規定第43条） • 技術秘訣：契約で定めた技術移転条件が実現された場合	

---

47) Investment Guide to the DPRK、40頁。

	合営企業	合作企業	外国人企業
出資期間及び延長	合営当事者は、企業創設承認書に指摘された期間[48]内に出資しなければならない（合営法第14条）。 不可避な事情により出資期間を延長する場合、出資期間が終わる1ヶ月前に、中央投資管理機関に出資期間延長申請書類を提出し承認を受けなければならず、出資期間を数回延長することはできるが、総延長期間は12ヶ月を超えることはできない（合営法施行規定第40条）[49]。	同左（合作法施行規定第47条） 同左（合作法施行規定第48条）	同左（外国人企業法第12条） やむを得ない事情により、定められた期間内に投資できない場合には、投資管理機関の承認を受け、投資期間を延長できる（外国人企業法第12条）。
出資不履行時の措置	中央投資管理機関は、合営当事者が正当な理由なしで出資期間内に出資しなかった場合、企業創設承認を取り消すことができ、この場合、企業登録機関、税務機関などの該当機関に通知しなければならない（合営法施行規定第40条）。 出資期間内に出資を行わず、相手方の合営当事者に損害が発生する場合には、その損害を賠償しなければならない（合営法施行規定第41条）[50]。	同左（合作法施行規定第49条） 同左（合作法施行規定第50条）	同左（外国人企業法第13条）
出資検証及び出資証書の発給	合営企業は、出資者が段階別に出資を終えた場合、理事会で評価した後、会計検証機関の投資検証を受けた出資確認書	理事会の評価部分を除いて（合作企業は、共同協議機構が評価する）、同左（合作法施行規	外国人企業は、登録資本を投資するたびに、該当検証機関が発給する投資確認書類（投資検証報告書類を添付）

---

48) 中国対外投資案内によると、一般的に、企業創設承認書類の発給日から1年である（69頁）。

49) Investment Guide to the DPRK、41頁。

50) Investment Guide to the DPRK、41頁。

	合営企業	合作企業	外国人企業
	類を中央投資管理機関に提出し、出資者に対しては出資証書を発給する（合営法施行規定第43条)[51]。	定第51条)[52]	を中央投資管理機関に提出しなければならない（外国人企業法施行規定第37条)。
	出資証書には、出資者名、出資持分、出資金額、企業の存続期間、企業登録日付と登録番号を記載しなければならない。	同左（合作法施行規定第51条)	
出資持分の譲渡	合営当事者は、自己の出資持分を第三者に譲渡することができ、この場合、合営相手方の同意と投資管理機関の承認を受けなければならない（合営法第12条)。	同左（合作法第10条)	外国人企業は、企業を他人に譲渡することができる。企業を譲渡する場合には、中央投資管理機関の承認が必要であり、該当機関に変更登録を行わなければならない（外国人企業法施行規定第31条)。
	出資持分を販売する場合は、同一の販売条件で相手方の合営当事者が優先的に買収する権利を持つ（合営法施行規定第44条)。	同左（合作法施行規定第52条)	
登録資本の変更	登録資本を増やす場合には、理事会で討議、決定した後、中央投資管理機関の承認を受け、該当機関に登録資本の変更を登録しなければならない（合営法第15条、合営法施行規定第46条)。	登録資本を増やす場合には、共同協議機構で討議、決定した後、中央投資管理機関の承認を受けなければならない（合作法施行規定第54条)。	登録資本を増やす場合には、該当機関に変更登録をしなければならない（外国人企業法第25条、施行規定第30条)。
	登録資本を減らすことはできない（合営法第15条)	同左（合作法施行規定第54条)	同左（外国人企業法第25条)

---

51) Investment Guide to the DPRK、41頁。

52) Investment Guide to the DPRK、41頁。

(4) 営業許可の手続

　外国人投資企業は、営業許可を受けることにより、営業活動を行うことができる（合営法施行規定第63条、合作法施行規定第56条、外国人企業法施行規定第38条）。即ち、外国人投資企業は、住所登録、税務登録、税関登録を行い、契約に基づく投資を完了した後、営業許可を受けた日から、民事法律関係の当事者として独自に経済取引を行うことができる[53]。外国人投資企業の営業許可の手続きは、次のとおりである。

	合営企業	合作企業	外国人企業
営業許可機関	中央投資管理機関又は特区管理機関（経済特区の場合）（以下「営業許可機関」）（合営法施行規定第64条）	同左（合作法施行規定第57条）	地域管理機関（外国人企業法施行規定第38条）
	ただし、Investment Guide to the DPRKによると、営業許可機関は中央投資管理機関（特殊経済地帯の場合、地帯管理機関）である[54]。		
営業許可発給期限	合営企業は、企業創設承認書に指摘された期間内に操業（開業）しなければならず（合営法第21条）、定められた操業予定日内に営業許可を受けなければならない（合営法第22条）。	同左（合作法第8条） 同左（合作法施行規定第58条）	同左（外国人企業法施行規定第39条）
	不可避な事情により、営業許可を操業予定日内に受けられない場合には、中央投資管理機関に操業期日延長申請書類を提出し、操業期日延長承認を受けなければならない（合営法第21条、合営法施行規定第65条）[55]。	操業期日は、数回延長できるが、総延長期間は12ヶ月を超えることができない（合作法施行規定第58条）。	同左（外国人企業法施行規定第39条）

---

53) 営業許可証を取得する前までには、営業活動を行うことはできない。営業許可証を取得する前に、試験生産を行っても、試製品の販売収入は分配されてはならず、試験生産と行政管理費等の用途に限って使用できる（中国対外投資案内69頁）。

54) Investment Guide to the DPRK、39頁。

55) Investment Guide to the DPRK、39頁。

	合営企業	合作企業	外国人企業
	操業期日を延長した企業には、定められた延滞料が賦課される（合営法第21条）。		
営業許可の条件	営業許可は、次のような条件が備わった場合に発給される（合営法施行規定第66条）。 • 建物を新設又は拡張する場合：竣工検査の合格 • 生産企業：試運転をした後、試製品の生産 • サービス業務：該当設備及び施設を備えてから物資を購入し、営業準備の完了 • 合営企業創設承認書類で定めた投資の完了 • その他営業活動に必要な準備の完了	同左（合作法施行規定第59条）	

ただし、Investment Guide to the DPRKによると、企業が営業許可を受けるためには、次のような条件が満たされなければならない[56]。
- 企業創設承認書類に明示された出資を完了し、投資検証機関の検証を受けること。
- 国土環境保護機関の環境評価に合格すること。
- 建物を新設又は拡張した場合、竣工検査に合格すること。
- 生産企業の場合、試運転をした後、試製品を生産すること。
- サービス業の場合、該当サービスの設備及び施設を備えた後、衛生防疫機関の衛生検疫を受け、営業準備を完了すること。
- 海上及び旅客運輸部門の場合、出資、購入した船舶又は運輸手段に対し、該当監督機関の技術検査を受け、登録を完了した後、該当証書を備え、安全航海及び運航準備を完了すること。
- その他経営活動に必要な準備を完了すること。

	合営企業	合作企業	外国人企業
依頼書類の提出、検査及び確認	営業準備を終えた合営企業は、竣工検査機関、生産工程及び施設物の安全性を確認する機関、その他該当機関に検査又は確認と関連する依頼書類を提出しなければならない（合営法施行規定第67条）。	同左（合作法施行規定第60条）	
	依頼書類を受けた該当機関は、定められた期間内に、依頼を受けた対象を検査・確認した後、該当検査・確認の書	同左（合作法施行規定第60条）	

---

56) Investment Guide to the DPRK、40頁。

	合営企業	合作企業	外国人企業
	類を発給するか、欠陥を修正するようにしなければならない（合営法施行規定第68条）。		
営業許可の申請	営業許可を受ける場合には、営業許可申請書類を営業許可機関に提出しなければならない（合営法施行規定第69条）。	同左（合作法施行規定第61条）	営業許可を受ける場合には、営業許可申請書類を地域管理機関に提出しなければならない（外国人企業法施行規定第40条）。
	営業許可申請書類には、操業予定日付、総投資額、登録資本、出資実績などの内容が含まれなければならず、企業登録証、該当機関の投資確認書類、検査又は確認書類、試製品の見本などを添付しなければならない（合営法施行規定第69条）。	同左（合作法施行規定第61条）	同左（外国人企業法施行規定第40条）
営業許可	営業許可機関は、営業許可申請書類を受けた日から15日以内に検討した後、営業許可証書を発給又は否決しなくてはならない（合営法施行規定第70条)57)。	同左（合作法施行規定第62条）	地域管理機関は、営業許可申請書類を受け付けた日から15日以内に検討した後、営業許可を出すか、又は否決する。営業許可を出した場合には、営業許可証を発給し、これを中央投資管理機関に知らせなければならない（外国人企業法施行規定第41条）。
操業日	投資管理機関が発給する営業許可証を受けた日（合営法第22条）	同左（合作法第8条）	
税務機関通知	合営企業は、営業許可証書の発給を受けた場合、該当税務機関に通知しなければならない（合営法施行規定第70条）。	同左（合作法施行規定第62条）	

57）Investment Guide to the DPRK、39頁。

外国人投資企業は、承認された業種に従って経営活動しなければならない（合営法第25条、合作法第9条、外国人企業法第14条）。外国人投資企業の業種変更手続は、次のとおりである。

	合営企業	合作企業	外国人企業
申請	業種を変更又は追加する場合には、中央投資管理機関の承認を受けなければならない（合営法第25条）。 業種変更申請書類には、業種変更内容や根拠などを明らかにし、経済技術打算書類等を添付しなければならない（合営法施行規定第71条）。	同左（合作法第9条） 同左（合作法施行規定第63条）	同左（外国人企業法第14条） 業種変更は、承認を受けた投資を終えた後、営業許可を受けた条件においてのみできる（外国人企業法施行規定第42条）。
承認	中央投資管理機関は、業種変更申請書類を受けた日から30日以内に審議した後、承認又は否決する通知を申請者と関係機関に行わなければならない（合営法施行規定第72条）。	中央投資管理機関は、業種変更申請書類を受け付けた日から20日以内に審議した後、申請者と関係機関に業種変更承認書類を発給するか、又は否決す通知を行わなければならない（合作法施行規定第64条）。	
営業許可証再発給	合営企業は、業種変更承認の通知書類を受けた日から5日以内に営業許可証を再び発給してもらわなければならない（合営法施行規定第73条）。	同左（合作法施行規定第65条）	

II. 外国人投資企業　39

03 外国人投資企業の管理機構

(1) 合営企業

合営企業の管理機構は、理事会、経営管理機構、財政検閲委員会又は財政検閲員で構成される[58]。合営企業は、規約、理事会の決定に基づいて管理運営される（合営法第20条）[59]。

ア．理事会

合営企業は、理事らで構成される理事会を置き、理事会は合営企業の最高決議機関となる（合営法第16条）。

構成	・理事長1名、副理事長1～2名、その他に必要な数の理事を置き、副理事長と理事の数は、合営当事者が企業の規約で定める（合営法施行規定第47条）。 ・理事長と副理事長は、理事会で選挙し、任期は3年を原則とするが、必要な場合、合営当事者が合意し、その任期を変えることができる（合営法施行規定第48条）。 ・理事長は、合営企業の最高決議機関の代表者であり、副理事長は、理事長の業務を補佐し、理事長が欠員の場合、その職務を代理する（合営法施行規定第48条）。 ・理事は、決議権を行使するが、企業の日常的な経営活動には参加しないため、理事には賃金（労賃）を支払わない[60]。
招集	・理事会は、定期会議と臨時会議を招集する。 ・定期会議は、毎年1回以上、臨時会議は、必要な時に招集でき、臨時会議は、理事成員の三分の一以上の要求により招集できる（合営法施行規定第49条）。

---

58) Investment Guide to the DPRK、42頁。
59) Investment Guide to the DPRK、43頁。
60) Investment Guide to the DPRK、42頁。

	• 理事会議を招集する場合、定期会議は30日前に、臨時会議は15日前に、会議日付、場所、案件を理事に書面で通知しなければならない（合営法施行規定第50条）。
討議決定対象	企業規約を修正、補充したり、企業の発展対策、経営活動計画、決算と分配、企業の責任者と副責任者、財政検閲員、財政責任者の任命及び解任、登録資本の増加、出資資本の譲渡、業種の変更、存続期間の延長、解散、清算委員会組織等、重要な問題（合営法第17条、施行規定第51条)[61]
成立の要件	理事全体の三分の二以上参加（合営法施行規定第51条）
決議の要件	• 企業規約に対する修正、補充、出資持分の譲渡、業種及び登録資本の変動、存続期間の延長、企業解散：出席理事全員の賛成 • その他の問題：出席理事の過半数以上の賛成
代理人	理事は、代理人を通じて決議権を行使でき、この場合には、理事長に通知し、代理権の範囲を明らかにする委任状を代理人に持参させなければならない（合営法施行規定第53条）。
決議の方法	挙手、秘密投票又は書面（合営法施行規定第54条）
会議録	会議に参加した理事長、副理事長、理事が署名（手票）した後、企業の解散後5年まで保管しなければならない（合営法施行規定第55条）。

イ．経営管理機構

　合営企業には、次のように合営企業の日常業務を執行する部署である経営管理機構を置く[62]。

構成	• 経営管理機構：企業の責任者（Investment Guide to the DPRKでは、社長としている)[63]、副責任者（Investment Guide to the DPRKでは、副社長としている)[64]、財政会計員、その他に必要な管理成員が含まれる（合営法第18条）。 • 規模が大きい合営企業には、企業の責任者、副責任者、財政責任者のような成員で協議機構を置くことができる。 • 責任者、副責任者、財政責任者は、合営当事者がそれぞれ分けて担当できる（合営法施行規定第56条）。

---

61) Investment Guide to the DPRK、42頁。

62) Investment Guide to the DPRK、42頁。

63) Investment Guide to the DPRK、42頁。

64) Investment Guide to the DPRK、42頁。

II. 外国人投資企業　41

責任者	• 責任者は、自己の業務に対して、理事会から与えられた責任を負担する（合営法第18条）。対外的に理事会が委任した範囲内で合営企業を代表し、企業の内部では、理事会から受けた職権を行使し、理事会の決定を実行する[65]。 • 責任者の業務範囲は、理事会で決める。 • 責任者は、企業規約、理事会の決定に基づいて企業を管理、運営し、経営活動の結果に対し理事会に対する責任を負う。 • 理事会成員ではない者でも責任者になることができる（合営法施行規定第57条）。
経営管理成員	• 他の機関や企業の職務を兼任することはできないが、必要な場合には、中央投資管理機関の承認を受け、他の機関や企業所の構成員が合営企業の経営管理成員になるのは可能である（合営法施行規定第58条）。 • 自己の過失で企業に損害を与えた場合、その損害を賠償する責任を負担する（合営法施行規定第59条）。

ウ. 財政検閲機構

　合営企業には、その企業の管理従業員ではない成員として財政検閲員を置き（合営法第19条）、これは企業の管理部署に属しない[66]。経営規模が小さい合営企業には財政検閲員を、経営規模が大きい合営企業には財政検閲員で構成される財政検閲委員会を置くことができる（合営法施行規定第60条）。財政検閲員の詳細は、次のとおりである。

数	理事会で定める（合営法施行規定第60条）。
任期	2年とし、再任できる（合営法施行規定第61条）。
兼任	企業の他の職務を兼任できない（合営法施行規定第61条）。
業務	• 財政検閲員は、理事会の決定に基づき、企業の財政状態が正常的であるか検閲し、自己の業務に関し理事会に対する責任を負担する（合営法第19条）。 • 財政検閲委員会又は財政検閲員は、合営企業の経営活動を日常的に検閲することができ、理事会に提出する会計書類を検討し、報告書類を作り、理事会に提出しなければならない（合営法施行規定第62条）。 • 財政検閲員は、理事会に参加して発言できる。

---

65) Investment Guide to the DPRK、42頁。

66) Investment Guide to the DPRK、43頁。

責任	・自己の業務に関して理事会に対する責任を負う（合営法施行規定第61条）。 ・自己の業務を怠り、企業に損害を与えた場合、当該損害を賠償する責任を負担する（合営法施行規定第62条）。

(2) 合作企業

ア．共同協議機構

　合作企業は、次のとおり、非常設的な共同協議機構を組織して運営することができ（合作法第17条、施行規定第32条）、合作当事者は、共同協議機構で討議して決定された問題を誠実に履行しなければならない（合作法施行規定第35条）。

構成	・議長1名と副議長1名、必要な数の成員で構成され、その数は合作当事者が協議して定める。成員には合作当事者と企業責任者（ただし、Investment Guide to the DPRKでは、企業社長としている）[67]が含まれなければならない（合作法施行規定第32条）。 ・議長と副議長は、合作当事者の一方が全て担当することはできない。
招集	・合作当事者らの合意により、必要な時に招集する（合作法施行規定第33条）。 ・会議日付、場所、討議案件については、企業責任者が会議招集の30日前に共同協議機構に参加する成員に知らせなければならない。
討議決定対象	登録資本の増加、業種変更、存続期間の延長、企業の発展対策、年間経営活動計画、新技術の導入と製品の品質向上、投資及び再投資、出資持分の譲渡のように、合作企業の運営に関連する重要問題（合作法第17条、施行規定第34条）[68]

67）Investment Guide to the DPRK、43頁。

68）Investment Guide to the DPRK、43頁。

II．外国人投資企業　43

イ. 経営管理機構

合作企業の経営管理機構には、企業の社長と副社長、財政会計員、その他に必要な成員を置き、合作企業の社長は、合作企業の法人代表となる[69]。

合作企業の経営管理成員は、他の機関又は企業の職務を兼任できないが、必要な場合には、中央投資管理機関の承認を受け、他の機関又は企業の成員が合作企業の経営管理成員になることができる（合作法施行規定第30条）。

ウ. 財政検閲機構

合作企業には、財政検閲員を置くことができる。財政検閲員は、合作企業の会計書類を検閲して検閲報告の書類を作成し、企業責任者に提出しなければならない（合作法施行規定第31条）。

(3) 外国人企業

外国人企業法では、外国人企業の管理機構について特別に規定していない。

外国人企業では、自体の実情に合わせて必要な機構を置き、独自に経営し[70]、必要な場合には、理事会も組織して運営できる[71]。参考として、外国人企業の規約に「企業の機構及びその職能（理事長、社長、会計責任者、財政検閲員の任務と権限）」に関する事項を含めなければならなく（外国人企業法施行規定第15条）、外国人企業の財政管理は財政会計部署が行う[72]。

---

69) Investment Guide to the DPRK、43頁。
70) Investment Guide to the DPRK、43頁。
71) 朝鮮投資法案内、157頁。
72) 朝鮮投資法案内、158頁。

04 外国人投資企業の決算及び分配

　外国人投資企業は、経営活動と関連する決算を行わなければならない（合営法施行規定第111条、合作法施行規定第94条、外国人企業法施行規定第55条）。

	合営企業	合作企業	外国人企業
決算年度	1月1日から12月31日までとし、決算は翌年2月までに行う（合営法第33条）73)。	同左（合作法施行規定第93条）	同左（外国人企業法施行規定第52条）
決算方法	総収入額から原料及び資材費、燃料及び動力費、人件費、減価償却費、物資購入経費、職場及び会社管理費、保険料、販売費等を含む原価を差引き、利潤を確定し、その利潤から取引税又は営業税、その他の支出を控除し、決算利潤を確定する方法で行う（合営法第34条）。	決算を四半期別、年別に行う（合作法施行規定第94条）。 年間の決算は、総収入から原価と取引税、その他の支出を控除し、決算利潤を確定する方法で行う（合作法施行規定第94条）。	同左（外国人企業法施行規定第55条）
予備基金	登録資本の25%に該当する金額になるまで、毎年得られる決算利潤の5%を予備基金として積立てなければならない。予備基金は、合営企業の欠損を補填したり、又は登録資本を増加させる目的に限って使用できる（合営法第35条）。	同左（合作法施行規定第95条）	同左（外国人企業法施行規定第54条）

---

73) Investment Guide to the DPRK、50頁。

	合営企業	合作企業	外国人企業
その他の基金	決算利潤の10%まで拡大再生産及び技術発展基金、従業員のための賞与金基金、文化厚生基金、養成基金のように必要な基金を積立て、独自の計画に基づいて使用しなければならない（合営法第36条、合営法施行規定第114条)[74]。	同左（合作法施行規定第96条）	予備基金以外の基金（従業員のための賞与金基金、文化厚生基金など）の積立限度は、外国人企業が独自に定める（外国人企業法施行規定第54条）。
税金納付	定められた税金を納付しなければならない。但し、奨励部門の合営企業は、一定期間において企業所得税の減免を受けられる（合営法第38条）。	同左（合作法19条）	同左（外国人企業法第23条）
損失補填	当該年度の決算利潤から前年度の損失を補填できるが、補填期間は連続して4年を超えることができない（合営法第39条）。		
決算書類	決算書類に関する財政検閲員の検閲を受け、理事会で批准した後、利潤を分配しなければならない（合営法第37条）。	経営活動に対する会計決算を定期的に行い、会計決算書は、定められた期間内に該当財政機関に提出する（合作法第18条）。	
利潤分配	決算利潤から所得税を納付し、予備基金など必要な基金を控除した後、出資持分に基づいて合営当事者の間で分配する（合営法第37条）。	外国側の投資家に対する投資償還は、企業の生産品で行うことを基本とし、利潤分配は、合作当事者が契約で定めた方法で行う（合作法第14条）。 合作企業から生産された製品と、それにより得た収入は、合作契約	

---

74) Investment Guide to the DPRK、51頁。

	合営企業	合作企業	外国人企業
		に基づく償還又は分配義務の履行のため優先的に使用できる（合作法第15条）。	
利潤の再投資	外国側の投資家は、分配してもらった利潤の一部又は全部を北朝鮮に再投資することができ、この場合、既に納付した所得税から再投資分に該当する所得税の一部又は全部の払戻しを受けられる（合営法第41条）。	合作当事者は、合作企業から得た利益金を合作企業に再投資できる（合作法施行規定第103条）。	企業運営から得た合法的な利潤を再投資できる（外国人企業法第21条）。 下部構造建設対象については、再投資分に該当する所得税の全額を、その他の対象については、再投資分に該当する所得税額の50%の返還を受けられる。ただし、再投資した時から5年以内に再投資した資本を回収する場合には、返還を受けた所得税額を再び納めなければならない（外国人企業法施行規定第36条）。
利益の送金	外国側の投資家は、分配を受けた利潤とその他の所得、企業を清算して受け取った資金を制限なく北朝鮮の域外へ送金できる（合営法第42条）。 北朝鮮の域外に外貨を送金する場合には、中央投資管理機関の確認書類を添付し、送金申請書類を該当銀行に提出しなければならない（合営法施行規定第122条）。	同左（合作法第16条） 同左（合作法施行規定第104条）	企業運営から得た合法的な利潤を外貨管理と関連する法規に基づいて北朝鮮の外に送金できる（外国人企業法第21条）。

II. 外国人投資企業　47

外国人投資企業の存続期間及び解散

(1) 存続期間

	合営企業	合作企業	外国人企業
存続期間	企業創設承認書類で定めた期間とし、企業創設を承認した日から計算する（合営法第45条、施行規定第123条）。	同左（合作法第22条、施行規定第105条）	同左（外国人企業法施行規定第70条）
存続期間延長申請	存続期間を延長でき、存続期間が終わる6ヶ月前に理事会で討議決定した後、中央投資管理機関の承認を受けなければならない（合営法第45条）。	理事会の部分を除いて、同左（合作法第22条）	存続期間を延長する場合には、投資管理機関の承認を受けなければならない（外国人企業法第27条）。経営期間が終わる6ヶ月前に、地域管理機関を通じて中央投資管理機関に経営期間延長申請書類を提出しなければならない（外国人企業法施行規定第71条）。
存続期間延長承認	中央投資管理機関は、存続期間延長申請書類を受付けた日から30日以内に検討した後、承認又は否決する決定を行い、申請者に該当通知書類を送らなければならない（合営法施行規定第125条）。	同左（合作法施行規定第107条）	中央投資管理機関は、経営期間延長申請書類を受け付けた日から30日以内に承認又は否決しなければならない（外国人企業法施行規定第71条）。
存続期間変更登録申請	合営企業は、存続期間延長承認書類を受けた日から20日以内に該当企業登録機関、営業許可機関、税務機関、税関に存続期間変更登録申請書類（存続期間延長承認書類の写しを添付）を提出しなければならない（合営法施行規定第126条）。	同左（合作法施行規定第108条）	外国人企業は、経営期間の延長承認を受けた日から20日以内に、該当機関に経営期間の変更登録を行わなければならない（外国人企業法施行規定第72条）。

	合営企業	合作企業	外国人企業
存続期間変更登録	企業登録機関、営業許可機関、税務機関は、存続期間変更登録申請書類に基づいて該当変更登録を行った後、企業登録証、営業許可証、税務登録証を再び発給しなければならない（合営法施行規定第127条）。	同左（合作法施行規定第109条）	

(2) 解散

	合営企業	合作企業	外国人企業
解散事由	存続期間の満了、支払能力の喪失、当事者の契約義務不履行、持続的な経営損失、自然災害などの事由により企業を運営できない場合（合営法第43条）。	存続期間の満了、契約上の義務不履行、持続的な経営損失、自然災害のような事由がある場合、互いに合意し、投資管理機関の承認を受けて解散できる（合作法第20条）。	存続期間の満了により解散され（外国人企業法第27条）、自然災害のような不可避な事情により、これ以上継続できないと認められる場合、経営損失を回復することが困難であるため、企業が解散を決議した場合、裁判所の判決に基づいて破産が宣告される場合、その他の法律違反により、解散が宣告又は決定された場合にも解散する（外国人企業法施行規定第73条）。
当事者の責任	合営当事者が契約義務を履行しなかったことにより企業を解散する場合、責任ある当事者は損害を賠償しなければならない（合営法施行規定第130条）[75]。	同左（合作法第20条）	

---

[75] Investment Guide to the DPRK、52頁。

	合営企業	合作企業	外国人企業
解散の申請	存続期間が終了する前に解散事由が発生した場合、理事会で決定し、中央投資管理機関の承認を得て解散できる（合営法第44条）。	存続期間が終了する前に解散事由が発生したら、共同協議機構での討議、又は合作当事者の合意で決定し、中央投資管理機関の承認を受けて解散できる（合作法施行規定第112条）。	外国人企業は、解散する場合、中央投資管理機関に企業の解散申請を行わなければならない（外国人企業法第29条）。
解散の承認	中央投資管理機関は、企業解散申請書類を受けた日から10日以内に審査し、承認又は否決する決定を行った後、該当通知書類を申請者に送らなければならない（合営法施行規定第131条）。	中央投資管理機関は、企業解散申請書類を受け付けた日から20日以内に審査し、承認又は否決する決定を行った後、申請者に該当通知書類を送らなければならない（合作法施行規定第113条）。	中央投資管理機関の解散承認を受けなければならない（外国人企業法施行規定際74条）。 企業の解散を承認した日が企業解散日となる（外国人企業法施行規定第74条）。
清算委員会の組織	合営企業は、解散が承認された日から15日以内に理事会での討議を経て、算委員会を組織しなければならない（合営法施行規定第132条）。清算委員会は理事会が組織する（合営法第44条）。 清算委員会の成員には、合営企業の責任者、債権者代表、合営当事者、その他に必要な成員が含まれなければならない。 合営企業が定めた期間内に清算委員会を組織しない場合、債権者は、北朝鮮の裁判機関に清算委員会を組織することを要	合作当事者は、企業が解散する場合、清算委員会を組織する（合作法第21条）。 合作企業は、解散が承認された日から15日以内に共同協議機構での討議を経て、清算委員会を組織しなければならない（合作法施行規定第114条）。 同左（合作法施行規定第114条） 同左（合作法施行規定第115条）	外国人企業は、企業の解散を公開した日から15日以内に清算委員会成員の名簿を中央投資管理機関に提出し、同意を受けた後、清算委員会を組織しなければならない（外国人企業法施行規定第76条）。 清算委員会の成員には、外国人企業の代表、債権者の代表、財政機関の代表、投資当事者、その他に必要な成員が含まれなければならない（外国人企業法施行規定第77条）。

	合営企業	合作企業	外国人企業
	求できる（合営法施行規定第133条）。		
	債権者が清算委員会の組織を要求する場合及び北朝鮮の裁判機関が企業の破産を宣告した場合、裁判機関は、清算員を任命し、清算委員会を組織しなければならない（合営法施行規定第134条）。	同左（合作法施行規定第116条）	
清算委員会の任務と権限	清算委員会は、合営企業の取引業務を結束し、清算を終えた後、10日以内に企業登録取消手続を行わなければならない（合営法第44条）。	同左（合作法第21条）	清算委員会は、組織された日から1週間以内に清算業務に着手しなければならない（外国人企業法施行規定第76条）。
	・債権者会議を招集し、債権者代表を選出する。	同左（合作法施行規定第117条）	・債権者会議を招集する。
	・企業の財産と公印を引き継いで管轄する。		・企業の財産と公印を引き継いで管轄する。
	・債権債務関係を確定し、財政状態表と財産目録を作成する。		・債権債務関係を確定し、財産状態表と財産目録を作成する。
	・企業の財産に対する価値を再評価し、清算案を作成する。		・企業の財産に対する価値を評価する。
	・取引銀行、税務機関、企業登録機関に対し、企業の解散について通知する。		・清算案を作成する。
	・終結されていない業務を引き継いで処理する。		・税金を納め、債権債務を清算する。
	・税金を納め、債権債務を清算し、残った財産を処理する。		・清算して残った財産を処理する。
	・その他清算と関連して提起された問題を処理する。（合営法施行規定第135条）		・その他清算と関連して提起される問題を処理する。（外国人企業法施行規定第78条）

II. 外国人投資企業　51

	合営企業	合作企業	外国人企業
債権者と債務者に対する通知	清算委員会は、組織された日から10日以内に、債権者と債務者に対して企業の解散について通知しなければならない（合営法施行規定第136条）。	同左（合作法施行規定第118条）	外国人企業は、解散が決定された日から10日以内に企業の解散を公開した後、債権者と債務者に通知しなければならない（外国人企業法施行規定第75条）。
債権者の債権処理	債権者は、解散通知を受けた日から30日以内に債権請求書類を清算委員会に提出しなければならない（合営法施行規定第137条）。 清算委員会は、債権者の債権請求書類を受け付けた順序で債権を登録し、清算案に基づいて債権者の債権を処理しなければならない（合営法施行規定第138条）。	同左（合作法施行規定第119条） 同左（合作法施行規定第120条）	
清算案[76]	清算委員会が作成した清算案は、企業を解散させた理事会又は中央投資管理機関（企業の破産を宣告した場合には、裁判機関）からの合意を得なければならない（合営法施行規定第138条）。	清算委員会が作成した清算案は、企業を解散させた共同協議機構又は中央投資管理機構（企業の破産を宣告した場合には、裁判機関）からの合意を得なければならない（合作法施行規定第120条）。	
清算財産の分配	清算財産は、次の順序で処理する（合営法施行規定第139条）。 ① 清算業務と関連する費用 ② 税金 ③ 従業員の労働報酬 ④ 企業の債務	清算財産は、次の順序で処理する（合作法施行規定第121条）。 ① 同左 ② 同左 ③ 同左 ④ 同左	清算財産は、次の順序で処理する（外国人企業法施行規定第79条）。 ① 同左 ② 同左 ③ 同左 ④ 同左

---

76) Investment Guide to the DPRK、52頁。

	合営企業	合作企業	外国人企業
	⑤ 残った財産は、合営当事者の出資持分に基づいて分配	⑤ 残った財産は、合作契約に基づいて処理	外国人企業の財産は、清算手続が終わる前に任意に処理できない（外国人企業法第29条）。
破産の申請	清算委員会は、清算の過程において、破産が必要だと認められる場合には、裁判所にて破産を申請しなければならない（合営法第44条）。 裁判機関の判決により企業の破産が宣告された場合には、清算業務を裁判機関に引き継がなければならない（合営法施行規定第140条）。	同左（合作法第21条） 同左（合作法施行規定第122条）	外国人企業は、破産される場合、投資管理機関に企業の破産申請を行わなければならない（外国人企業法第29条）。
清算の報告	清算委員会は、清算業務が終わった日から10日以内に清算報告書類を作り、中央投資管理機関（企業の破産による清算業務が終わった場合には、裁判機関）に提出しなければならない（合営法施行規定第141条）。	同左（合作法施行規定123条）	清算委員会は、清算業務が終ると、直ちに清算報告書類を作り、中央投資管理機関（企業の破産による解散である場合には、裁判機関）に提出しなければならない（外国人企業法施行規定第80条）。
登録証の返還、口座の取消	清算委員会は、合営企業の取引業務を決算して清算を終えた後、10日以内に企業登録取消手続を行わなければならない（合営法第44条）。 清算委員会は、清算業務が終わったら直ちに企業登録証、営業許可証、税務登録証を該当機関に渡し、取引銀行に口座	同左（合作法施行規定第124条）	清算委員会は、清算報告書類を提出した後、地域管理機関に企業登録証と営業許可証を渡し、税務登録取消手続を行い、該当取引銀行の口座を閉じなければならない（外国人企業法施行規定第80条）。

	合営企業	合作企業	外国人企業
	の取消申請を行わな ければならない（合 営法施行規定第142 条）。		
登録の削除	企業登録機関と該当 機関は、解散した合 営企業を登録から削 除しなければならな い（合営法施行規定 第144条）。	同左（合作法施行規 定第125条）	
登録の削除	外国人投資企業が解散又は破産した場合、投資管理機関は、創設登録を 削除し、創設登録証を回収する（登録法第13条）。道（直轄市）人民委 員会は、住所登録を削除し、住所登録証を回収する（登録法第22条）。 該当財政機関は、税務登録を削除し、税務登録証を回収し（登録法第28 条）、税関は、税関登録を削除する（登録法第32条）。		
清算委員会 の責任	清算委員会の成員 は、清算業務の結果 について、清算委員 会を組織した取締役 会又は中央投資管理 機関、裁判機関に対 して責任を負う（合 営法施行規定第143 条）。	清算委員会の成員 は、清算業務の結果 について、中央管理 機関又は該当裁判機 関に対して責任を負 う（合作法施行規定 第126条）。	

06 外国人投資企業の破産

(1) 概要

外国人投資企業の破産について、「朝鮮民主主義人民共和国外国人投資企業破産法」（以下「破産法」）[77]が適用される（破産法第7条）。

破産とは、裁判所が債務を履行できなくなった外国人投資企業の財産を債権者に分け与え、その企業を解散させる行為である（破産法第2条）。債務を定めた期間内に償還できなかったり、又は企業の債務が自己資産を超過したり、厳重な損失により企業をこれ以上維持できなかったり、一般手続で企業を解散できない場合には、裁判所の判決に基づいて企業を破産させることができる（破産法第3条）。

ただし、北朝鮮から資金の支援（傍助）を受けることができたり、又は償還期間に至った債務を破産提起があった日から6ヶ月以内に清算できる担保がある場合には、企業を破産させないことができ（破産法第4条）、企業破産が提起された後、当事者の間で和解がなされた場合には、進行中の破産手続を中止することができる（破産法第5条）。

企業破産事件は、該当企業の所在地にある道（直轄市）裁判所が処理し、特殊経済地帯の企業破産事件は、該当特殊経済地帯を管轄する裁判所が処理する（破産法第6条）。

---

[77] 破産法とは、2011年12月21日最高人民会議常任委員会政令第2050号で修正、補充されたものを言う。

Ⅱ. 外国人投資企業　55

(2) 破産提起と破産宣告

ア. 破産提起の当事者

破産提起は、債務償還能力のない企業とその債権者が行い、企業の解散処理を担う清算委員会も破産を提起できる（破産法第8条）。破産提起は、該当裁判所に書面で行う。

契約で定められた期間内に債権金額を受け取れなかった債権者は、債権金額を回収する目的で該当企業に対して破産を提起できる。この場合、債権者が3名以上である企業については、1名以上の債権者の同意を得なければならない（破産法第9条）。

債務償還能力を失った企業は、理事会又は共同協議会の決定に基づき、免責の目的で自己企業の破産を提起できる（破産法第10条）。

外国人投資企業の解散手続に基づいて組織された清算委員会は、清算業務の過程において、その企業を破産させるべきであると判断される場合、該当裁判所に破産提起を行わなければならない（破産法第11条）。

破産提起者は、企業の破産が宣告される前に、破産提起を取り消すことができ、この場合、破産提起取消申請を該当裁判所に行う（破産法第12条）。

イ. 破産の判決

裁判所は、破産提起を受けた日から30日以内に破産提起を受付又は否決しなければならなく、この場合、必要な調査を行うことができる（破産法第13条）。

裁判所は、破産提起が正当であると認められる場合、判決により企業破産を宣告し、判決書謄本を破産提起者と該当企業に送らなければならない（破産法第14条）。

破産宣告を受けた企業は、判決書謄本を受け取った日から会計計算と正常な財産取引及び経営活動を中止しなければならない（破産法第15条）。破産宣告の通知を受けた企業は、その日から2日以内に企業創設を承認した機関に破産宣告を受けた事実について知らせ、必要な登録を行わなければならない（破産法第16条）。

破産企業の法定代表又はその代理人は、破産手続が終結するまで、裁判所の許

可なしで企業所在地、居住地を離れることはできず、破産と関連する質問に説明をしたり、破産手続事業に協力しなければならない（破産法第17条）。

破産企業が破産提起6ヶ月前又は破産提起後財産を隠蔽、分配、無償若しくは低価で譲渡する行為、破産提起後又はその30日前に自己債権を法的根拠なしで放棄する行為、企業破産を予見して債権者に損害を与えた行為は、当該行為の効力を無効とする（破産法第18条）。

ウ．清算委員会

裁判所は、破産宣告を受けた日から5日以内に2～3名で構成される清算委員会を組織しなければならない。該当企業の創設を承認した機関、財政銀行機関の責任者（イルクン）、その他の責任者（イルクン）は、清算委員会の成員になる資格を持ち、清算委員会の委員長は裁判所が任命する（破産法第19条）。

清算委員会は、次のような業務を行う（破産法第20条）。

① 60日までの債権申告期間、債権の調査及び確定期間、破産宣告後20日以内の第1次債権者会議の招集日付、破産宣告を受けた企業が負った債務を返還すべき日付、破産企業の財産を保有する者がそれを申告及び返還すべき日付のような破産手続開始に必要な事項を定める。

② 破産企業の債権者、債務者、破産財産所持者に対して破産通知を行う。

③ 破産企業の公印、会計帳簿、財産目録及び債権者名簿、その他書類を引き継ぐ。

④ 破産企業の法定代表の立会のもと、企業財産の価格を評価する。

⑤ 破産企業の会計帳簿を締め切り、財政状態表と財産目録を作成し、裁判所に提出する。

⑥ 必要に応じて、破産企業の財産に封印を行い、該当調書を作成する。

⑦ 破産企業の経営業務を締め切る。

⑧ 企業の破産宣告まで履行されていない契約を取り消したり、又はその履行を中止する。

エ．債権者会議

清算委員会は、定めた日付に第1次債権者会議を招集しなければならない。第1次債権者会議は、債権者の中で債権者会議の責任者を定め、清算委員会から企業の破産経緯と財産及び債務の実態について報告を受ける（破産法第21条）。

債権者会議の決定は、会議に参加した債権者の半数以上が賛成し、彼らの債権
額が破産債権総額の二分の一以上になることにより採択される。債権者会議の決
定は、全ての債権者に対して同様の効力を持つ（破産法第22条）。

(3) 破産債権の申告と調査及び確定

ア. 債権の申告及び登録

　破産宣告を受けた企業の債権者は、債権申告期間内に、清算委員会に書面で債
権申告を行わなければならない（破産法第23条）。
　清算委員会は、債権申告を受けたら直ちに債権登録を行わなければならない
（破産法第24条）。
　債権申告期間内に申告を行っていない債権は無効である。破産について通知し
た清算委員会は、これに対して答弁がない債権者に再び通知しなければならない
（破産法25条）。

イ. 債権の調査及び確定

　清算委員会は、債権調査期間内に申告された内容に基づき、債権調査を行わな
ければならない。
　債権調査は、関係機関に依頼したり、又は直接調べる方法で行う（破産法第26
条）。
　清算委員会は、意見が提起された債権について、関係がある債権者に知らせな
ければならない。債権者は、意見提起者を対象として、破産事件を管轄する裁判
所に対し、債権確定を目的とする民事訴訟を提起できる。裁判所は、提起された
事件を審理し、その結果を清算委員会に知らせなければならない（破産法第27
条）。
　申告内容と調査内容に差異がある債権、意見が提起されたが民事訴訟が提起さ
れていない債権の確定は、清算委員会が行う（破産法第28条）。

ウ. 債権表の作成

　債権の調査及び確定を終えた清算委員会は、次の方法により債権表を作る（破
産法第29条）。

① 優先権の有無に基づいて債権を区分し、債権額の大きさの順位で記録する。

② 債権以外の請求権は、利子、損害補償金、違約金、罰金、手数料、訴訟費用等で区分し、記録する。

③ 償還期間に至っていない債権は、破産宣告時点を償還期間とし、債権金額を計算して記録する。

④ 債権ごとに債権金額と債権の調査及び確定期間内に提起された内容を記録する。

エ. 債権表の効力

清算委員会は、作成された債権表に関し債権者会議の同意を得た後、裁判所の批准を受けなければならない。批准された債権表は、全ての債権者に対して同様の効力を持つ（破産法第30条）。

債権申告書及び債権表は、裁判所で保管し、裁判所は、破産企業の関係者の要求に基づいて該当書類を見せることができる（破産法第31条）。

(4) 破産財産の分配

ア. 破産財産の構成及び確保

破産財産は、債権者に分配する。破産財産には、破産宣告を受けた企業の貨幣財産と現物財産、知的所有権、その他財産権等が属し、破産手続の過程で取得した財産も破産財産に属する（破産法第32条）。

分配する破産財産の確保は、清算委員会が行う。清算委員会は、未納された出資持分を受け入れて、破産企業の債権金額を回収しなければならない。この場合、償還期間に至っていない債権は、破産宣告日を基準に、該当金額を計算しなければならない（破産法第33条）。

清算委員会は、破産企業の債務者がその企業に対して債権を持っている場合、債権と債務を相互に相殺できる。相殺は、貿易銀行が当日発表する外貨交換相場表に基づいて行う（破産法第34条）。

清算委員会は、財産分配のため、生産製品又は機械設備、知的所有権のような財産を現金に転換できる（破産法第35条）。

Ⅱ. 外国人投資企業　59

イ. 破産財産の分配順位

破産財産の分配順位は、次のとおりである（破産法第36条）。

① 国家手数料及び破産手続費用
② 労賃と保険金
③ 税金等の国家義務納付金
④ 破産手続中に契約取消で発生した違約金
⑤ 担保債権
⑥ 無担保債権
⑦ 債権以外の請求権

国家手数料及び破産手続費用の支出は、清算委員会が債権者会議の責任者に通知し、清算委員会の通知に対して提起された意見の処理は、裁判所の判定に従う（破産法第37条）。

無担保債権の中でも、優先分配の対象に設定された債権に対しては、他の無担保債権より先に分配されるようにその順位を定める（第38条）。

ウ. 破産財産分配表の作成

清算委員会は、分配順位と債権表に基づいて破産財産分配表を作らなければならない。破産財産分配表には、分配すべき総金額、実際に分配する金額、分配を受ける債権者の名称（名前）、住所、分配額のようなものを明らかにしなければならない（破産法第39条）。

清算委員会は、破産財産分配表の担保債権分配額に、破産宣告があった日から財産分配の日までの期間に該当する利子を含めなければならない。破産法第36条で規定する順位に基づいて分配額を定め、その過程で財産が不足しこれ以上割当られない場合には、残りの分配順位の債権に対する分配額は同じ比率で定める（破産法第40条）。

エ. 破産財産分配表の効力及び分配の実施

破産財産分配表は、清算委員会が債権者会議に提出する。債権者会議で破産財産分配表が可決された場合には裁判所の批准を受けるものとし、否決された場合

には裁判所の判定に従う。裁判所の判定に基づいて破産財産分配表を再び作成することもある（破産法第41条）。

破産財産の分配は、裁判所が批准した破産財産分配表に基づいて清算委員会が行う（破産法第42条）。

オ．企業破産総和報告書の作成及び審議、企業破産終結の判定

清算委員会は、破産財産分配を終えた日から10日以内に企業破産総和報告書を作り、裁判所に提出しなければならない（破産法第42条）。

裁判所は、清算委員会の企業破産総和報告書を審議し、判定により破産を終結しなければならない。この場合、破産終結について、清算委員会に通知し、破産関係者に知らせなければならない。裁判所の企業破産終結判定について上訴することはできない（破産法第43条）。

破産企業の財産不足により清算できなかった債権は無効とし、破産が終結した後に発見された破産企業の財産は、該当事件を取扱った裁判所が銀行を通じて処理する（破産法第44条）。

(5) 和解

ア．和解提起

破産宣告を受けた企業は、理事会又は共同協議会で討議し、和解を提起できる（破産法第45条）。

破産宣告を受けた企業は、和解提起をする場合、債権の調査及び確定期間内に和解提起の理由、債務償還方法、担保のようなものを明記し、清算委員会に和解提起書を提出しなければならない。和解条件は、全ての債権者に対して公正でなければならない（破産法第46条）。

イ．和解提起の審議

清算委員会は、和解提起を受けた日から5日以内に裁判所に知らせ、裁判所の意見に基づき債権者会議で審議、決定するようにしなければならない（破産法第47条）。

和解審議のための債権者会議には、債権者、和解提起者、清算委員会の成員が

参加する。債権者の提起に基づいて破産企業の債務を代わりに返還する者も参加できる。

和解提起者は、債権者会議で和解提起の理由と和解条件について説明し、債権者の質問に答弁しなければならない。この場合、債権者の利益を侵害しない範囲で和解条件を変更できる（破産法第48条）。

ウ. 和解提起の可決及び和解承認の判定

和解提起は、債権者会議に参加する債権者の半数以上が賛成し、彼らの債権額が破産債権総額の三分の二以上になることにより可決される（破産法第49条）。

裁判所は、債権者会議で可決された和解について、判定により承認又は否決しなければならない。和解に対する裁判所の判定は、債権者及び和解提起者に同様の効力を持つ（破産法第50条）。

裁判所は、債権者会議の和解可決に対する判定を行った日から5日以内に、それについて和解提起者に知らせなければならない。和解承認判定通知を受けた企業は、和解条件で指摘された義務を適時かつ正確に履行しなければならない（破産法第51条）。

エ. 和解取消

債権者は、義務履行を懈怠（怠工）した企業に対し、裁判所に和解の取消を提起できる（破産法第51条）。

裁判所は、和解取消の提起がある日から10日以内に、判定により和解取消の提起を承認又は否決しなければならない。和解取消承認の判定がある場合、中止されていた破産手続は継続される（破産法第52条）。

(6) 制裁

ア. 損害補償及び罰金

清算委員会は、次のような場合、裁判所の承認を受け、損害を補償させたり、又は罰金を払わせることができる（破産法第53条）。

① 破産企業の法定代表又はその代理人が理由なく債権者会議に参加しなかったり、清算委員会と債権者の質問に対して答弁を行わかったり、虚

偽の説明又は答弁をした場合

② 破産財産を隠したり、又は債務書類を偽造したり、虚偽の債務を承認した場合

③ 会計帳簿又は伝票を偽造、消却したり、その内容を分からないようにしたり、清算委員会が締めた会計帳簿を直した場合

④ 破産企業の法定代表又はその代理人が裁判所の許可なく企業所在地、居住地を離脱したり、他の者と接触、通信連絡をし、破産の執行に支障を与えた場合

⑤ 企業の債務者又は破産財産の所持者が、裁判所の定めた期間内に債務を償還しなかったり、又は破産企業の財産を返還しなかったことにより破産手続に支障を与えた場合

⑥ その他に破産手続に支障を与えたり、又は債権者に損害を与えた場合

イ. 行政的又は刑事的責任

破産法を違反して企業の破産業務に厳重な結果をもたらした機関、企業所、団体の責任ある責任者（イルクン）と個別の公民には、情状に基づいて行政的又は刑事的責任を負わせる（破産法第54条）。

II. 外国人投資企業　63

北朝鮮民法 **III**

01. 民事関連法令の概要

02. 一般制度

03. 所有権制度

04. 債権債務制度

05. 民事責任と民事時効制度

北朝鮮投資ガイド

01 民事関連法令の概要

(1) 民事関連法令の沿革

　北朝鮮民法は、1990年になって初めて最高人民会議常設会議決定第14号で採択された。以前にも、民法典を制定するための試みは引き続き行われていた。1950年には、いわゆる「民法典第一草案」が作られ、1958年には「民法典第二草案」が作られた。その後にも、1982年には「民事規定（暫定）」が作られ、これを正式な規定として確定し、1986年には「民事規定」が採択された。しかし、社会主義民法理論が確立されず、経済状況が激変していた状況の中、機関・企業所・団体を含む全ての民事関係を規律する民法は採択されていなかった。1990年9月5日になって漸く、最高人民会議常設会議決定第14号で民法典が採択されたのである。

　1990年の制定以後、北朝鮮民法は、1993年に一部改正され、1999年には比較的に多くの部分が改正された。特に、1999年の改正においては、社会主義の経済管理と所有制度に関する変化を相当部分反映し、注目を集めた。その後、北朝鮮民法は、2007年にも改正され、条文ごとに題目を付ける作業がなされた。

　一方、上記のような民法典の制定とは別に、北朝鮮では、民事関係を規律する多くの個別法が制定された。これは、民法典が制定されない状態において、民事生活関係と裁判の基準となる実定法が必要であったためである。北朝鮮民法が制定された現在においても、損害補償法、対外経済契約法、対外民事関係法、社会主義商業法、社会主義財産管理法など、多様な民事関連法令が制定、運営されている。

Ⅲ. 北朝鮮民法　67

(2) 北朝鮮民法の体系

　北朝鮮民法の体系は、規制対象である経済関係の具体的な分野ごとに分けられる。これにより、北朝鮮民法は、①所有関係を規制する所有権制度、②取引関係を規制する債権債務制度、③所有権制度と債権債務制度に共通するか、いずれにも該当しない一般制度として区分づけられる。

　具体的に、北朝鮮民法は、大きく4編に分けられており、①総則に該当する「第1編一般制度」、②物件編に該当する「第2編所有権制度」、③債権編に該当する「第3編債権債務制度」、④その他に該当する「第4編民事責任と民事時効制度」に構成される。「第1編一般制度」では、民法の基本（第1章）、民事法律関係の当事者（第2章）及び民事法律行為（第3章）を規定しており、「第2編所有権制度」では、一般規定（第1章）、国家所有権（第2章）、社会共同団体所有権（第3章）及び個人所有権（第4章）を扱っている。また、「第3編債権債務制度」は、一般規定（第1章）、計画に基づく契約（第2章）、計画に基づかない契約（第3章）及び不当利得行為（第4章）で構成され、「第4編民事責任と民事時効制度」は民事責任（第1章）と民事時効（第2章）で構成される。家族法（1990年制定）と相続法（2002年制定）が別途作られている点を勘案してもなお、北朝鮮民法は、271個の条文で構成されており、条文の数が少ない方である。

02 一般制度

(1) 北朝鮮民法の基本原則

　一般的に、資本主義国家で採択している民法は、私的所有権絶対の原則と、こ
れを実現するための私的自治の原則、そして、この2つの原則を支える過失責任
の原則で構成されるのが一般的である。その反面、社会主義国家で採択している
民法は、資本主義民法の原則とは異なり、①生産手段に対する社会主義的所有、
②社会主義共有財産の保護と優先、③民法上権利の平等、④中央集権制、⑤計画
性と経済採算制の実現保障、⑥個人利益と社会利益間の合致、⑦法的規律の保障
などを重視する。上記のような社会主義民法の基本原則は、北朝鮮の民法制度に
も反映され、北朝鮮民法は、第1編一般制度のうち、第1章民法の基本（第1条な
いし第9章）でこのような原則を規定している。

(2) 民事法律関係の当事者

　北朝鮮民法は、基本的な民事法律関係の当事者として独立的な経費予算や独立
採算制で運営される機関、企業所、団体と公民を規定している。また、北朝鮮内
に創設された「合営、合作企業その他法が認める他国の法人」も民事法律関係の当
事者に含めている（北朝鮮民法第11条）。これにより、外国投資企業について
も、外国人投資の関連法令に特別な規定がない場合、北朝鮮民法が適用されるの
に留意する必要がある。

　そのほか、北朝鮮民法は、一種の法人に該当する「機関・企業所・団体」に民事
権利能力を付与し（北朝鮮民法第13条）、民事法律行為の方法として代表行為と
代理行為に関して規定している（北朝鮮民法第14条）。また、自然人に該当する「
公民」に関しては、公民の民事権利能力と民事行為能力（北朝鮮民法第19条及び

Ⅲ. 北朝鮮民法　69

第20条）、民事行為無能力と失踪などに関して規定している（北朝鮮民法第21条ないし第23条）。北朝鮮では17歳から成人となり、民事行為能力を持つ（北朝鮮民法第20条）。

(3) 民事法律行為

　北朝鮮民法第1編第3章では、権利変動の中心である法律行為について、民事法律行為の形式と有効条件、代理、無効と取消、付款としての条件などを中心に規定している（北朝鮮民法第24条ないし第36条）。資本主義国家で採択している民法において扱う法律行為の内容と大きく違わない一般的な内容で構成されている。

03 所有権制度

(1) 概要

　北朝鮮民法第2編は、その大部分が所有権制度に割り当てられている（北朝鮮民法第37条ないし第67条）。そのほか、一部は「経営上管理権」と「国家財産利用権」のように、所有権から派生された所有権以外の権利に関しても規定している（北朝鮮民法第47条ないし第50条）。したがって、北朝鮮民法は、物権を所有権と所有権以外の物権に区分しているものとみられる。

　特に、経営上管理権は、国家機関及び企業所が国家の中央集権的な指導と統制のもとで、与えられた権限の範囲内で国家所有財産を占有・利用・処分できる権利を言う（北朝鮮民法第47条）。国家機関や企業所の財産が社会協同団体や公民に供給・販売される場合、国家所有権自体が社会協同団体や公民に移転されるが、国家機関や企業所の財産が他の国家機関や企業所に供給・販売される場合、経営上管理権のみが移転される（北朝鮮民法第48条）。結局、経営上管理権は、最終的な処分権を国家に留保している形態の制限的な所有権として理解される。

　また、国家財産利用権は、協同農場と公民に付与される権利であり、一種の用役物権に該当する。これにより、協同農場は、国家が協同農場に配属させた農機械、文化施設、脱穀場、倉庫などの固定財産を国家に所有権が留保された状態で自己の財産のように利用でき（北朝鮮民法第49条）、公民は、国家が所有する住居に対する利用権を取得できる（北朝鮮民法第50条）。

　一方、土地賃貸法と各種経済特区関連法令は、土地利用権に関して規定している（土地賃貸法第5条、羅先経済貿易地帯法第20条、新義州特別行政基本法第14条ないし第20条など）。土地利用権は、大体が売買、交換、贈与及び相続の対象となり、賃貸と抵当権設定などの処分行為をできる権利であるため、用役物権と類似する性格を持つ。

Ⅲ. 北朝鮮民法　71

(2) 国家所有権、社会協同団体所有権及び個人所有権

北朝鮮民法上、国家所有権の対象には制限はないが（北朝鮮民法第44条）、下記の財産は国家に限り所有できる（北朝鮮民法第45条）。

- 地下資源、山林資源、水産資源をはじめとする国の自然資源全て
- 鉄道、航空運輸、逓信機関と重要工場、企業所、港湾、銀行
- 各級学校及び重要文化保健施設

国家所有権の担当者は、国家であり（北朝鮮民法第46条）、国家が直接、又は国家機関や企業所を通じて国家所有権を実現する（北朝鮮民法第47条）。

一方、社会協同団体は、土地と農機械、船、中小工場、企業所及びその他経営活動に必要な対象を所有できる（北朝鮮民法第54条）。社会協同団体所有権の担当者は、個別的な社会協同団体であり、社会協同団体は原則として自己所有財産を構成員の意思に基づいて利用・処分できるが、土地の場合には、関連法令で定めるところにより、利用・処分できる（北朝鮮民法第55条）。

北朝鮮民法は、一般公民も個人的・消費的な目的で所有ができると規定しながら（北朝鮮民法第58条）、その対象として住居と家庭生活に必要な種々の家庭用品、文化用品、その他の生活用品と乗用車のような機材を列挙している（北朝鮮民法第59条）。公民は、自己所有財産を自由に占有・利用・処分でき（北朝鮮民法第60条）、相続も認められる（北朝鮮民法第63条）。

04 債権債務制度

(1) 契約

　北朝鮮民法上、債権債務制度の最も大きな特徴は、契約を「計画に基づく契約」
と「計画に基づかない契約」に区分して規律している点である。これは、社会主義
国家として、経済の主要部分が全て計画によって構成される点が反映された結果
であると言えよう。

　計画に基づく契約は、人民経済計画を実行しながら、経済を管理し独立採算制
を正確に実施するために、人民経済計画に基づいて機関・企業所・団体の間で締結
される（北朝鮮民法第101条）。計画に基づく契約は、契約課題の内容と合致しなけ
ればならなく、人民経済計画が追加又は調節されたら、それに従って変更される
（北朝鮮民法第104条）。また、それ以外にも、計画課題を受けた機関・企業所・団
体は、一定の期間内に、定められた方法と手続により契約を結ばなければならない
点、当事者が合意すべき事項が法に定められている点、契約違反による紛争が仲裁
手続で解決される点なども、計画に基づく契約の特徴であると言えるだろう。北朝
鮮民法は、計画に基づく契約の類型として、資材供給契約、商品供給契約、農業生
産物収買契約、資本建設施工契約及び貨物輸送契約を規定している。

　一方、計画に基づかない契約は、一部の違いはあるものの、資本主義国家で採
択している民法上の契約と類似する性格を持つ。北朝鮮民法は、計画に基づかな
い契約の類型として、売買契約、作業サービス契約、保管契約、賃貸借契約、委
託契約、旅客輸送契約、貯金契約、保険契約、委任契約、消費貸借契約、銀行貸
付契約及び合同作業契約を規定している。外国投資企業が計画に基づく契約の適
用を受ける可能性はほとんどないが、計画に基づかない契約に関しては、外国人
投資関連法令に特則がない限り、外国投資企業にも同じく適用されるため、留意
する必要がある。

III. 北朝鮮民法　73

(2) 不当利得行為

　不当利得制度は、不当に得た利益を返還させ、民事関係の等価性を保障することにより、国家及び協同団体の社会主義的所有財産を保護し、勤労者の個人所有を保護することにより勤労意欲を高めるという点から、北朝鮮の民法理論においても重要な地位を占める。不当利得に関する北朝鮮民法上の制度は、資本主義国家で採択している民法上制度とは大きな違いはない。北朝鮮民法は、別の章で第235条から第239条を置き、不当利得制度を扱いながら、不当利得の返還義務、返還時期、返還原則、保管管理などに関して規定している。

05 民事責任と民事時効制度

(1) 民事責任

　北朝鮮民法は、第4編第1章に民事責任に関する規定を置いている。債務不履行による責任と、不法行為による責任を一元的に扱っている点が特徴的である。これにより、北朝鮮民法は、民事責任の発生条件と過失責任（第240条、第241条）、民事責任の形態（第242条）、行為能力による民事責任（第243条、第244条）、団体構成員の不法行為による団体の責任（第245条）、不法行為の類型別責任（第246条ないし第250条）、共同不法行為（第251条）、契約違反による責任（第252条ないし第254条）、正当防衛及び緊急避難（第256条、第257条）などに関して規定している。

(2) 民事時効制度

　北朝鮮民法は、民事時効制度を総則に含まず、民事責任と一緒に別個の編として構成している。民事時効は、①公民が当事者である取引の場合、②機関・企業所・団体間の取引の場合、③予算制機関及び企業所の場合に区分し規定されている。これにより、公民が当事者である取引の場合、民事時効期間を1年とする（北朝鮮民法第260条）。また、機関・企業所・団体間の取引の場合には、下記のとおり、類型によって民事時効期間が異なる（北朝鮮民法第261条）。そして、予算制機関及び企業所が持つ請求権の場合、その請求権が発生した予算年度が過ぎたら、民事時効期間が徒過されたものとしてみなされる（北朝鮮民法第262条）。

- 製品の代金請求と保証金返還請求、供給した製品の規格、完備性及び見本の違反と破損、腐敗変質、数量不足、その他契約条件違反により発生した損害補償請求と違約金、延滞料の支払請求及び運輸、逓信業務と関連して発生した請求権：3ヶ月

Ⅲ. 北朝鮮民法　75

- その他の請求権：6ヶ月
- 対外民事取引と関連する請求権：2年（条約で別度定める場合には、それに従う）

　そのほか、民事時効期間の停止・中断・延長に関する事項（北朝鮮民法第265条ないし第267条）と、民事時効期間の始期と終期など（北朝鮮民法第269条ないし第271条）について規定している点は、一般的な資本主義国家での民法と類似する。

不動産利用の基本法制 IV

01. 序論

02. 土地賃貸方法

03. 土地利用権の処分

04. 土地賃貸借契約の具体的内容

北朝鮮投資ガイド

01 序論

　北朝鮮の不動産利用に関する基本法として土地賃貸法と外国人投資法がある。土地賃貸法は、外国投資企業に必要な土地を賃貸する過程で発生する基本権利関係を規律する。外国人投資法は、外国投資家が外国人投資企業、外国投資銀行を創設するのに必要な土地を賃貸する方法を定めている（第15条）。また、経済特区に関する個別法律でも土地利用方法に関し規律している。羅先経済貿易地帯法、新義州特別行区基本法、金剛山国際観光特区法、黄金坪・威化島経済地帯法、経済開発区法、開城工業地区法がこれに該当する。特に、羅先経済貿易地帯と開城工業地区の場合、不動産に関する規定が別途設けられており、より細かい規制の内容を確認することができる。

　北朝鮮では、原則として土地は買収の対象とならず、上記の法律に基づき、交渉により賃貸、使用される。土地賃貸法は、「他国の法人と個人は、共和国の土地を賃貸して利用できる」と規定しており、他の法律も類似した規定を置いている。ただし、羅先貿易経済地帯では、交渉以外にも、入札、競売の方法により賃貸できるという違いがある[78]。また、共和国の機関、企業所、団体が外国投資を受け外国人投資企業を創設する際には、自己出資分として提供する土地は、土地賃貸の対象にならない[79]。

　賃貸借契約は、中央国土環境保護指導機関の承認のもとで、道（直轄市）、人民委員会（羅先経済貿易地帯では、羅先市人民委員会）、国土環境保護部署と締結する[80]。合営、合作企業に土地を出資する機関、企業所、団体は、企業所在地の道（直轄市）人民委員会の承認を受けて該当土地の利用権を保有する。即ち、賃貸した土地の所有権は、国家が保有し、賃借人は利用権のみを保有する方式である。この時、地中や水中にある天然資源、埋蔵されている文化遺跡・遺物、貴

78）羅先経済貿易地帯の不動産規定第10条、土地賃貸法第9条。

79）経済開発区法第26条。

80）土地賃貸法第4条。

金属など価値物を開発又は発掘する事業は、利用権の範囲に含まれない[81]。賃借人は、賃借土地の利用権を投資したり、又は第3者にも譲渡・抵当でき、土地賃貸期間は、最大50年以内で土地用途と投資内容に基づいて当事者が合意で定めることができる[82]。

---

81) 土地賃貸法第3条。
82) 土地賃貸法第6条、外国人投資法第15条。

02　土地賃貸方法

(1) 交渉による土地賃貸

　交渉により土地賃貸を行う場合、土地賃貸機関と土地賃借希望者との間で賃貸料、投資条件、開発条件をはじめとする賃貸条件を直接合意した後、契約を締結する。

　まず、土地賃貸機関が土地賃借希望者に対して提供する資料は、次のとおりである[83]。

1. 土地の位置と面積、地形図
2. 土地の用途
3. 建築面積、土地開発と関連する計画
4. 建設期間、投資の最低限度額
5. 環境保護、衛生防疫、消防と関連する要求
6. 土地賃貸期間
7. 土地開発状態

　土地賃借希望者は、この土地資料を研究した後、企業創設承認又は居住承認書類の写しを添付した土地利用申請書類を土地賃貸機関に提出する。土地賃貸機関は、書類を受けた日から20日以内に申請者に承認の可否を知らせなければならない。土地賃貸機関と賃借希望者は、土地面積、用途、賃貸目的、期間、総投資額と建設機関、賃貸料、その他必要な事項を内容とする土地賃貸借契約を締結する。最終的に、土地賃貸機関は、土地賃貸借契約に基づいて土地利用権を渡す料金が支払われた後、土地利用証を発給し、登録する[84]。

---

83) 土地賃貸法第10条。
84) 朝鮮投資法247頁、土地賃貸法第11条。

IV. 不動産利用の基本法制　81

(2) 入札による土地賃貸

　入札による土地賃貸は、羅先経済貿易地帯でのみ認められる。土地賃借希望者は、指定された期間内に賃貸料、投資条件、開発条件などの賃借条件を土地賃貸機関に非公開で提出し、土地賃貸機関は入札に参加した者の中で有利な賃借条件を提示した賃借人を選択する。土地賃貸機関は、経済、法律部門を含め入札審査委員会を組織し、入札書を審査及び評価する。また、入札書類の作成、配布、入札相談、応札者の資格審査、開札、落札通知書の発送などの業務を行う[85]。

　落札者は、落札通知を受けた日から30日以内に土地を賃貸する機関と土地賃貸借契約を結び、該当土地利用権の料金を支払った後、土地利用証の発給を受けて登録する。

(3) 競売による土地賃貸

　羅先経済貿易地帯でのみ認められる方式である。不動産開発用地、金融、商業、観光及び娯楽用地などの土地を競売方式で賃借する。一定の時間、場所で賃借希望者を集め、公開的に競売する方式である点では、一般的な競売とは大きな違いはない。土地賃貸機関が土地競売公示、資金及び投資能力を確認した書類を準備し、競売参加番号を配り、基準価格を公表し、最も高い価格を提示した者が落札者となる。交渉による場合と同じく、契約を経て、土地利用権を保有することになる。ただし、土地用途を変更しようとする賃借人は、土地賃貸機関と変更補充契約を結ばなければならない[86]。

85）土地賃貸法第12条。
86）土地賃貸法第13条。

03 土地利用権の処分

(1) 土地利用権の譲渡

　賃借人は、土地の全部または一部の利用権を第三者に譲渡、販売、再賃貸、相続、贈与できる。ただし、このような処分権限には、一定の制限が設けられる。例えば、賃借期間内のみ処分が可能であり、賃貸借契約に定められた内容に従い処分しなければならない。また、土地賃貸機関の承認が必要となる。

　土地利用権は、次の事項を満たす場合のみ譲渡が可能である。①土地を賃貸する機関から賃借したり、又は土地賃借人から販売や交換形式で譲渡を受けた土地の利用権、②土地賃貸借契約書で定めた賃貸料全額を支給した土地の利用権、③土地賃貸借契約書で定めた期間と条件に基づいて投資と建設を行った土地の利用権でなければならない[87]。

　建設を行わず、土地利用権の価格変動を利用し行われる投機は、厳格に禁止され、賃借人は賃貸借契約の内容を変更できない。また、土地にある建築物、付着物の利用権、所有権と分離して譲渡できない[88]。

(2) 土地利用権の販売

　土地利用権を販売する場合、賃借人は、売買契約を締結し、公証機関の公証を受けた後、土地賃貸機関に土地利用権販売申請書を提出しなければならない。この時、賃貸借契約書の写し、売買契約書の写し、購入者の投資能力を確認する確認書、信用担保書を添付する[89]。土地賃貸機関は、土地利用権譲渡条件に合わな

87）朝鮮投資法249〜250頁。
88）土地賃貸法第17条。
89）土地賃貸法第18条、朝鮮投資法250〜251頁。

Ⅳ. 不動産利用の基本法制　83

かったり、又は売買契約書が賃貸借契約書と異なったり、購入者の投資及び経営
能力を確認できなかったり、価格条件をはじめ売買条件が不公正であると認める
場合、申請書を否決できる。

　販売者と購入者は、該当土地を賃貸する機関に土地利用権名義の変更登録を行
わなければならない。さらに、土地賃借人が土地利用権を第三者に販売する場
合、土地賃貸機関は、優先的に購入する権利を持つことになる。

(3) 土地利用権の再賃貸

　土地利用権の再賃貸、即ち、転借は、不動産開発のために賃貸した土地に限っ
て許容される。不動産開発業者は、土地を賃借して下部構造を建設したり、建物
又は構築物を建設した後、第三者に賃貸又は販売できる。不動産開発業者は、土
地賃貸借契約書に、土地を開発した後、賃貸又は販売できるという内容を明示し
なければならない。ただし、生産及びサービス企業の創設、個人居住の目的で賃
借した土地を再賃貸することはできない。この場合も、土地賃貸機関の再賃貸申
請書を提出し、承認を受けた後、再び賃貸手続を踏まなければならない[90]。

(4) 土地利用権の抵当

　土地利用権の抵当は、対象物を設定者が継続して占有する点で、北朝鮮におい
て通常活用される質入制度とは区別される。土地利用権の抵当は、賃借人が銀行
又は金融機関から貸付を受けるために賃借した土地利用権を償還担保として提出
する方式で行われる。土地にある建築物とその他抵当物と一緒に抵当される特徴
がある[91]。土地利用権を抵当する際には、抵当契約を締結しなければならなく、
抵当権者（抵当を受ける者）は、抵当設定者が（抵当を行う者）に土地の賃貸借
契約書又は譲渡契約書の写し、土地利用証の写し、土地実態資料の提出を要求で
きる[92]。抵当契約を結んだ日から10日以内に土地賃貸機関に抵当登録を行わなけ
ればならない[93]。

90）土地賃貸法第20条、朝鮮投資法251〜252頁。
91）土地賃貸法第21条。
92）土地賃貸法第22条。
93）土地賃貸法第23条。

抵当権者は、抵当期間が終わった後にも債務を償還しなかったり、抵当契約期間内に企業が解散又は破産する場合、抵当を受けた土地利用権、土地にある建築物、その他の付着物を処分することができる[94]。一般的な抵当権契約では、被担保債権に関して締結した契約の期間に基づいて債務の償還が決定され、抵当権を実行する場合、当該土地のみが処分される点で大きな違いがある。抵当期間内に債務を償還し、土地抵当契約が消滅されたら、抵当を受けた者と抵当を行った者は10日以内に土地利用権の抵当登録を取り消さなければならない[95]。

94）土地賃貸法第24条。
95）土地賃貸法第27条。

04 土地賃貸借契約の具体的内容

(1) 土地賃貸料の支払方法

　土地賃貸料は、土地利用権の料金と土地使用料を合わせたものとして認識されるが、狭い意味では、前者のみ土地賃貸料を意味する[96]。土地賃借人は、土地賃貸機関に土地賃貸料を支払わなければならなく、賃貸借契約締結日のから90日以内に土地利用権を引き渡す対価として、その全額を支払わなければならない。ただし、土地総合開発対象のように、面積が広く、金額が大きい土地を賃借した場合、土地賃貸機関が承認した期間内に土地賃貸料を分けて支払うことができる。賃借人が土地賃貸料を定められた期間内に支払わない場合、その期間が過ぎた日から毎日未納金の0.05%に該当する延滞料が発生する。延滞料を連続して50日間支払わない場合、契約を取り消すことができる[97]。

　土地賃貸料以外に、履行保証金を支払う場合もある。交渉又は競売を通じて賃借した者は、賃貸借契約15日以内に土地賃貸料の10%に該当する履行保証金を払わなければならない。履行保証金は、土地賃貸料に充当できる[98]。

　実務では、土地賃貸料を次のとおり区分して策定する[99]。

96）朝鮮投資法254〜255頁。

97）土地賃貸法第32条。

98）土地賃貸法第31条。

99）朝鮮投資法256頁。

部類	級地	区分	用途
1部類 (中心地)	1級地	都市中心地区域、観光適地	商業、金融、ホテル、娯楽
			住宅及び公共建物
			工業及び倉庫
	2級地	都市周辺区域、1、3級地に属さない地域	商業、金融、ホテル、娯楽
			住宅及び公共建物
			工業及び倉庫
	3級地	中心区域と遠く離れた農村地域、山林地域	商業、金融、ホテル、娯楽
			住宅及び公共建物
			工業及び倉庫
2部類 (道級所在地、観光地)	1級地	都市中心区域、観光適地	商業、金融、ホテル、娯楽
			住宅及び公共建物
			工業及び倉庫
	2級地	都市周辺区域、1、3級地に属さない地域	商業、金融、ホテル、娯楽
			住宅及び公共建物
			工業及び倉庫
	3級地	中心区域と遠く離れた農村地域、山林地域	商業、金融、ホテル、娯楽
			住宅及び公共建物
			工業及び倉庫
3部類 (その他地域)	1級地	都市中心区域、観光適地	商業、金融、ホテル、娯楽
			住宅及び公共建物
			工業及び倉庫
	2級地	都市周辺区域、1、3級地に属さない地域	商業、金融、ホテル、娯楽
			住宅及び公共建物
			工業及び倉庫
	3級地	中心区域と遠く離れた農村地域、山林地域	商業、金融、ホテル、娯楽
			住宅及び公共建物
			工業及び倉庫

Ⅳ. 不動産利用の基本法制　87

開発された土地を賃貸する時は、制定された料金に開発費を追加する。また、国際価格制定機関の承認を受け、土地賃貸料を引上げ又は引下げできる。合営・合作企業に土地を出資する機関、企業所、団体は、国土環境保護機関の承認を受け、土地利用権を持つことができる[100]。

(2) 土地開発費

土地賃貸法は、土地開発費の概念を認める。土地を賃貸する機関は、開発した土地を賃貸する場合、賃借人から土地開発費を土地賃貸料に含め受け取ることができる。土地開発費には、建物敷地と区内道路、緑地、柵など土地整理費用、道路建設、上水、汚水、電気、通信、暖房施設を設置する費用が含まれる[101]。

土地開発費は、土地賃貸を目的に、開発されていない土地に建物敷地を作り、下部構造に建設する場合に適用する。価格は土地開発の程度に基づいて策定され、開発された土地が技術工法の特定な基準を満たさない場合、価格の50%を下げられる。

(3) 土地使用料

土地使用料とは、国家所有の土地を利用する対価として、国家に支払う代金として理解される。一度定められたら、4年間は変動せず、それ以後変動があったとしても変動の幅は20%を越えることはできない。土地賃貸料は、土地使用料を含む概念としても使用されるが、通常、土地賃貸料と土地使用料は、別個に策定され、支払わられる。

土地使用料は、合法的に土地利用権の譲渡を受けた者又は合作企業、合営企業、外国人企業が支払う。土地利用権を登録した日から計算し、土地を賃貸した機関に毎年支払う。奨励部門と羅先経済貿易地帯に投資する場合、土地を利用する料金、即ち、土地使用料を10年まで免税又は軽減できる。

100）朝鮮投資法257頁。
101）土地賃貸法第20条。

(4) 土地移転補償費

　土地移転補償費は、土地開発のため、開発区画内の農耕地、住居、その他付着物を移転する場合に支払う費用である。①農作物補償費は、最近3年間の該当農耕地の平均収穫量を土地賃貸当時の国際市場価格で計算した金額である。②建物補償費は、国家標準設計単価に減価償却の年限を反映し合意された金額であり、③その他付着物補償費は、付着物を移設又は廃棄する費用である[102]。

　土地移転補償費は、賃借人が負担する。賃借する土地に農耕地、建物、付着物などがある場合、その処理費用が問題となる場合があり、土地賃借人は、撤去される農耕地などに対して補償を行わなければならず、土地賃貸機関は、該当住民の生活安定のために対策を立てなければならない。土地移転補償費は、賃貸借契約を結ぶ時、一緒に協議して定められる。

(5) 土地利用権の返還

　賃貸期間が終わった土地利用権は、土地を賃貸した機関に自動的に返還される。この場合、該当土地にある建築物とその他付着物も無償で返還される。ただし、賃借機関が40年を越えた場合には、賃貸期間の10年以内に竣工した建築物に対しその残存価値を補償することができる。土地賃借人は、賃貸期間が終わったら、土地利用証を該当発給機関に返還し、土地利用権登録の取消手続を行わなければならない。

　土地賃貸期間を延長する賃借人は、期間が終わる6ヶ月前に土地を賃貸する機関に土地利用延期申請書を提出し、承認を受けなければならない。この場合、土地賃貸借契約を再締結し、土地利用証の再発給を受ける。

　また、土地賃借人は、賃貸期間が終わった場合、土地を賃貸する機関の要求に基づいて建築物と設備、付帯施設物を自己費用で撤去し、土地を整理しなければならない。賃借人が土地を定められて期間内に整理できない場合、土地を賃貸した機関に対し、その事由を知らせ、土地整理を委託できる。この場合、土地賃借人は、該当費用を支払わなければならない[103]。

102）朝鮮投資法259頁。
103）朝鮮投資法259〜260頁。

Ⅳ. 不動産利用の基本法制　89

(6) 土地賃貸期間の延長

　土地賃貸期間を延長するためには、期間満了6ヶ月前に土地賃貸機関に土地利用延期申請書を提出し、承認を受けなければならない。申請書には、土地の位置、面積、用途、開発程度と共に、延期事由及び期日、投資計画などを明らかにしなければならない。土地を新しく開発したり、又は用途変更の目的がある場合、土地利用延期申請書に投資意向書と用途変更申請書を添付する。土地利用延期の承認を得た賃借人は、土地を賃貸した機関と土地賃貸借契約を再締結し、該当賃貸料を支払った後、土地利用証の再発給を受け、土地利用権変更登録を行わなければならない。

　賃借した土地利用権は、賃借期間内に取消されない。ただし、自然災害をはじめ不可抗力の事由があったり、社会又は共同の利益のために都市建設計画を変更すべきであるとの要求が有る場合、期限が経過する前でも、賃貸した土地利用権を一定の手続を経て取り消しできる。この場合、土地賃貸機関は、最低取消の6ヶ月前に、土地賃借人に対し土地利用権の取消事由、土地の位置と範囲、取消期日を通知して合意するようにしている[104]。

　賃貸期間が終わる前に土地利用権を取り消す場合、賃借人に同じ条件の土地で交換をしたり、又は適当な補償を行わなければならない。土地を交換する場合には、土地賃貸機関と賃借人は、利用権を取り消す土地と交換した土地の料金を合意し、差額を清算した後、土地賃貸借契約を再び結ばなければならず、賃借人は、再び土地利用証の発給を受け、登録を行わなければならない[105]。

(7) 経済特区及び経済開発区での土地利用

　2018年6月現在、北朝鮮には、5つの経済特区と22個の経済開発区が運営されている。経済特区では外国資本誘致のため法律的恩恵を提供され、土地賃貸においても賃借人の権利に友好的である。通常、経済特区は、50年の賃貸借期間を保障する場合が多く[106]、経済地帯内で企業は、有効期間内に土地利用権と建物所有権

104）土地賃貸法第36条。
105）朝鮮投資法260〜261頁。
106）黄金坪・威化島経済地帯法第16条。

90　北朝鮮投資ガイド

を売買、交換、贈与、相続の方法で譲渡又は賃貸、抵当できる[107]。

　経済開発区の場合、企業用土地は、まず実際需要に基づいて提供され、土地の使用分野と用途により賃貸期間、賃貸料、納付方法に関する特恵を与えている。また、下部構造施設と公共施設、奨励部門に投資する企業については、土地位置の選択に優先権を与え、定められた期間の間、土地使用料を免除することがある[108]。

　土地利用に関する法制が最も発達した地域は、羅先経済貿易地帯である。羅先経済貿易地帯の主な開発方式は、一定面積の土地を企業が総合的に開発し、経営する方式である[109]。このように、土地が総合開発経営方式で開発される場合、当該開発企業は、国土管理機関と土地賃貸借契約を締結し、土地賃貸期間は土地利用証を発給した日から50年とする。経済貿易地帯内の企業は、土地賃貸期間が終わった後にも契約を再締結し、賃貸している土地を継続して利用できる[110]。

　また、経済貿易地帯で、外国投資企業と外国人は土地利用権と同時に建物所有権を取得できる[111]。この不動産に関する権利は、法的に保護され、法的手続を経ずに不動産を没収したり、又は利用を中止できないことが明示されている[112]。一方、北朝鮮の機関、企業所、団体も、国家の承認のもとで、土地利用権と建物利用権の移管を受け、外国人投資企業に出資できる[113]。企業は、開発計画と下部構造建設が進捗されるのにつれ、開発された土地と建物を譲渡、賃貸する権利を持つこともある[114]。また、前述したように、羅先経済貿易地帯での土地賃貸方法は交渉に限られず、入札と競売により土地利用権を取得することもできる。

107）黄金坪・威化島経済地帯法第21条。
108）経済開発区法第52条。
109）羅先経済貿易地帯法第13条。
110）羅先経済貿易地帯法第15条、第16条。
111）羅先経済貿易地帯不動産規定第3条。
112）羅先経済貿易地帯不動産規定第6条。
113）羅先経済貿易地帯不動産規定第4条。
114）羅先経済貿易地帯法第18条、第19条。

北朝鮮金融法制 V

01. 北朝鮮の伝統的な金融構造

02. 北朝鮮の金融関連法令の制定・改正

03. 外国投資銀行に対する規制

北朝鮮投資ガイド

01 北朝鮮の伝統的な金融構造

(1) 伝統的な金融の概念

　北朝鮮では、金融を「国家銀行を中心とし、貨幣資金を計画的に融通する過程でなされる経済関係」として定義されている[115]。したがって、一般的に、資金、いわゆる貨幣や通貨の融通を意味する資本主義国家での金融概念とは相当の違いがある。資金の供給者と資金の需要者との間を繋げる資金仲介の機能がなされる金融市場を北朝鮮で自然に見かけるのは難しく、国家銀行を中心になされる資金の融通だけが可能であり、機関・企業所・団体や個人間の直接的な資金取引は、原則的に許容されない。

　このような北朝鮮での伝統的な金融概念は、いわゆる「単一銀行制度（mono-banking　system）」[116]から典型的に読み取ることができる。社会主義の計画経済では、資金動員及び管理の効率化を目的に、一つの国家銀行である中央銀行が国家計画に基づいて資金供給を独占的に遂行するソ連式単一銀行制度を採択することが一般的である。これにより、北朝鮮も、解放以後、銀行の国有化を通じた単一銀行制を推進し、1964年に至り、単一銀行制度を完備したものと評価されている[117]。これにより、朝鮮中央銀行は、通貨発行、通貨量の調節、国庫業務など一般的な中央銀行の機能のみならず、与信・受信業務など商業銀行の業務も独占的に遂行している。そして、朝鮮貿易銀行が国家の外貨収入、支出管理、為替レート及び外貨利子率の制定、企業などを対象にする外貨預金及び貸付などの対外取引と外国為替業務において朝鮮中央銀行と類似する

115）朝鮮社会科学出版社、『財政金融辞典』（平壌：社会学出版社、1995）、242頁。

116）単一銀行制度と対比し、資本主義国家で中央銀行と商業銀行の業務が区分されているシステムを一般的に「二元的銀行制度（two-tier banking system）」と言う。

117）朝鮮社会科学出版社、『財政金融辞典』（平壌：社会学出版社、1995）、847頁。

V. 北朝鮮金融法制　95

機能を遂行する。結局、北朝鮮は、単一銀行制度を採択し、内部金融取引は朝鮮中央銀行が、外部金融取引は朝鮮貿易銀行が管理する体制を定着させたといえよう[118]。

上記のような単一銀行制度を通じて、北朝鮮は、いわゆる「ウォン貨による統制」を具現している。ウォン貨による統制は、旧ソ連で金融システムの根幹をなしていた「ルーブルによる統制（контроль рублем）」を北朝鮮で具現したものであり、単一化された国家銀行が機関・企業所・団体の資金フローを統制し、実物経済を監視するシステムを言う。このような金融システムについて北朝鮮の文献は、「銀行は、人民経済の全ての部分に対する財政的統制を行う国家機関として、国家資金を統一的に供給する日常的な事業過程を通じて、機関・企業所の再生産の全般的な過程においてウォンによる統制を強化しなければならない」と説明している[119]。

ウォン貨による統制を保障するために、北朝鮮は、無現金流通原則を適用している。「朝鮮民主主義人民共和国貨幣流通法」（以下「貨幣流通法」）は、貨幣流通を現金流通と無現金流通に区分し（貨幣流通法第3条）、「無現金流通を直ちに組織することは、機関、企業所、団体の間での物資流通を計画的に保障するために必須的な要求」であるとし、「無現金流通原則」について規定している（貨幣流通法第5条）。このような無現金流通原則に基づき、機関・企業所・団体は、収入された現金を中央銀行機関が定めた入金期間内に、中央銀行機関に入金させなければならない（貨幣流通法第18条）。現金は中央銀行機関が定めた現金保有限度内においてのみ保有することができる（貨幣流通法第22条、第23条）。そして、機関・企業所・団体の間での生産手段取引は、無現金流通・無現金決済により行われ（貨幣流通法第28条、第29条）、このために、機関・企業所・団体は必ず中央銀行機関で口座を開設しなければならない（貨幣流通法第30条）。北朝鮮では、無現金決済は、単純に口座を通じて進める資金の換置（振替）ではなく、「機関・企業所・団体の間で行われる資金移動と物資取引を掌握し、社会主義経済管理の要求に合わせ物資取引が進むように統制する経済的空間」に該当する[120]。銀行は、無現金決済過程を通じて、機関・企業所・団体の

---

118) 輸出入銀行、71-72頁。

119) 朝鮮社会科学出版社、『財政金融辞典』（平壌：社会学出版社、1995）、847頁。

120) ホン・ヨンイ「現時期の無現金決済を通じた統制を強化することにより提起される諸問題」『経済研究』2004年4号、25頁。

間の経済取引内容を掌握し、統制できる手段を持つことになる[121]。そして、無現金流通原則を通じて、国家は、銀行機関に預けられている遊休貨幣資金を動員・利用できるようになる。

「社会主義社会では、遊休貨幣資金が銀行の資金となる組織的契機も準備されている。遊休貨幣資金の銀行資金化を担保する組織的契機は、発展した銀行信用体系、銀行事業体系により準備される。我が国では、光復直後、社会主義銀行体系を準備する過程に、全ての機関と企業所の遊休貨幣資金が中央銀行に集中される制度が立てられた。全国各地に稠密に分布している銀行支店網体系により、全ての機関と企業所が＜＜1機関1口座＞＞原則に基づき、遊休貨幣資金を銀行のドンザリ（口座）に入金させることが義務化された。このような銀行事業組織に基づき、全ての機関、企業所は、経営活動過程で形成される。遊休貨幣資金を銀行のドンザリに残さず入金させることになっている。」[122]

(2) 北朝鮮金融の体系

北朝鮮は、金融を国内金融と国際金融に区分する。そして、国内金融は、資金供給、信用、貨幣流通に分けられ、国際金融は、外国為替取引、国際信用、国際決済、国際保険などに分類される[123]。国内金融のうち、資金供給と信用は、償還義務の有無により区分される。資金供給とは、償還義務が認められない形態の資金移動であり、機関・企業所・団体の正常な運営に必要な資金需要のために、国家が計画的に国家資金を提供する形態を言う。その反面、信用とは、一時的な遊休資金を償還条件として提供する計画的な資金移動であり、貯金[124]や保険のように遊休資

---

121) 下記のような言及にも、銀行を統制機関として理解する北朝鮮の観点が表れている（チャン・ミョンシク「注文と契約規律を強化するための方法」『経済研究』2015年第4号53頁。「注文と契約の履行に対する国家的監督統制では、次に、銀行機関による監督統制を強化することが重要である。（中略）注文と契約の履行を銀行機関が監督統制できることは、機関、企業所、団体との間で貨幣を受け渡す関係が銀行機関を通じて行われる事情と結び付けられている。（中略）銀行機関は、このような決済業務を遂行するにあたり、単純に資金を一つの口座から別の口座に移動させるのみならず、決済業務を担いながら、機関、企業所、団体との間の経済取引が契約に基づいて進められているのか、契約で締結した条件に厳格に合致してなされているのかを検討する。契約及び契約規律に反する経済取引については、決済を拒否したり、該当する財政的制裁を加える。」。

122) オ・ソンヒ「遊休貨幣資金とその銀行資金化」『経済研究』2004年第4号23頁。

123) イム・ウンチュル、28頁。

124) 北朝鮮の場合、「預金」と「貯金」の概念が韓国と異なる。機関・企業所・団体が資金を入金することを「預金」と言い、個人が余裕資金を銀行に預けることを「貯金」と言う。預金の場合、利子

金を動員する取引と、貸付[125]のように遊休資金を利用する取引形態を含む[126]。

　参考として、北朝鮮民法は、機関・企業所・団体が銀行貸付契約を通じて銀行から資金を借入できることを明示している（北朝鮮民法第225-229条）。また、商業銀行法は、銀行貸付において、貸付の条件、財源、契約、担保・保証、償還、利子率などに関し比較的に詳細な条項を置いている（商業銀行法第23-28条）。これにより、商業銀行は、「顧客から受け取った預金と自体資金、中央銀行から受け取った貸付金」などを利用し（商業銀行法第24条）、一定の事項（貸付金額、貸付用途、担保、償還期間と方式、利息など）が明示された書面である貸付契約を締結する場合に限り、貸付ができる（商業銀行法第25条）。商業銀行は、借入者から担保や保証の提供を受けなければならず（北朝鮮民法第227条）、担保は借入者の資金で準備した動産又は不動産で、保証は該当上級機関又は支払能力がある第三者が書面で行わなければならない（商業銀行法第26条）。商業銀行は、基準利子率と変動幅の範囲内で、預金利子率と貸付利子率を適用し（商業銀行法第28条）、償還義務に違反する場合、さらに高い利子率を適用する（北朝鮮民法第229条）。

　上記のように、機関・企業所・団体に対する貸付などの資金取引が明示的に許容される一方、北朝鮮は、機関・企業所・団体と個人との間の直接的な資金取引は禁止しているものとして見られる。北朝鮮民法は、「クッギ契約（消費貸借契約）」に関する条項を置き、「公民の間でお金や物を貸し借りする行為」に関する事項を規定しているが、クッギ契約は、無償としてのみ締結することができ、利子や利子形態の物を受け渡しするクッギ契約は禁止される（北朝鮮民法第221条）。むしろ、北朝鮮刑法は、「高利貸罪」を置き、「高利貸行為を常習的に行う者」を処罰している（北朝鮮刑法第113条）。

　ただし、最近では、北朝鮮でも、いわゆる「ドンジュ（銭主）」を中心に、私的金融が活発に展開されているとのことである。また、2015年に改正された企業所法は、企業所が住民の遊休資金を動員・利用できると規定し、私的金融の存在をある程度容認するような態度を見せてもいる（企業法第38条）。しかし、このような私的金融の領域がまだ制度的に定着する段階にまで進んでいると見るには無

　　が支払われない反面、貯金の場合は少なくとも制度上では、3%の公式利子が適用される。

125）貸付は、①正常な生産活動のために行われる計画上の貸付である「計画貸付」、②生産計画の追加など、客観的に妥当な要因で発生する追加的な資金に対する貸付である「調節貸付」、③計画を適切に履行できなかったり、経営活動に問題が生じることにより発生する追加的な資金に対する貸付である「補充貸付」に区分される（イム・ウンチュル、34頁）。

126）産業銀行、111-112頁。

理があるといえよう。

(3) 北朝鮮金融機関の構造[127]

　北朝鮮の金融機関は、朝鮮中央銀行を中心に、①対内担当金融機関、②対外担当金融機関、③外国人投資金融機関、④その他の金融機関として区分できる。

　まず、対内担当金融機関は、朝鮮中央銀行と、朝鮮中央銀行の代わりに貯金業務のみを担当する機関に区分される。前で説明したように、朝鮮中央銀行は、いわゆる単一銀行体系に基づいて一般的な中央銀行の機能に留まらず、商業銀行機能まで遂行している。北朝鮮は、2006年の商業銀行法の制定を通じて、朝鮮中央銀行から商業銀行機能を分離し、商業銀行の設立を許容するかのように見えたが、まだ商業銀行は設立されていないと見るのが一般的な見解である。一方、貯金業務のみを担当する機関としては、貯金網体系である銀行機関貯蓄網体系（貯金所など）と、逓信機関貯金網体系（郵便局、逓信所など）が存在する。

　次に、対外担当金融機関は、朝鮮中央銀行の業務を補完し、対外金融業務を専門的に担当する朝鮮貿易銀行と、貿易決済業務を分担している部門別の外国為替専門銀行に区分される。特に、部門別の外国為替専門銀行とは、労働党と軍部など種々の機関の外国為替業務処理のために設立された銀行を言う。代表的な銀行として、労働党が運営する朝鮮大成銀行、在米同胞の資本誘致を目的に設立された高麗商業銀行・高麗銀行、ヨーロッパとアジアを対象に国際金融業務を遂行する朝鮮蒼光信用銀行、東北アジア銀行及び大同信用銀行、非社会主義国家との取引を主に担当する金剛銀行、対外投資誘致と貴金属販売を取扱う朝鮮信用銀行などがある。特に、東北アジア銀行の場合、2005年、北朝鮮で初めてIC現金カードのサービスを始めた点を特記できるだろう。

　外国人投資金融機関は、北朝鮮と外国投資者の共同投資を通じて設立された金融機関であり、一般外国投資銀行と投資機関に区分できる。外国投資銀行として、朝鮮総連系の合営事業推進委員会と北朝鮮の朝鮮国際合営総会社が共同で出資した朝鮮合営銀行、朝鮮中央銀行と中国人民銀行が共同出資した華麗銀行、INGグループと朝鮮国際保険会社が羅先経済貿易地帯の外国企業を対象に設立した東北アジア銀行[128]、朝鮮貿易銀行とエジプトのオラスコム・テレコムが共同

---

127) 詳細な事項は、イム・ウンチュル、38頁以下参照。
128) 東北アジア銀行の場合、1999年に閉鎖されたものとして知られている。

Ⅴ. 北朝鮮金融法制　99

出資したオラ銀行などを挙げることができる。一方、投資機関は、一種の総合金融会社であり、合営・合作企業、貿易会社及び同胞が運営する会社に対する投資・融資業務を主に担当する。朝鮮楽園金融合営会社、高麗金融合営会社、朝鮮第一信託金融合営会社などがこれに属する。

その他金融機関としては、協同農場信用部と保険機関、羅先経済貿易地帯の金融業務を専門的に担当する黄金の三角州銀行などを挙げることができる。また、北朝鮮には、国営保険会社として朝鮮国営保険総会社が設立されている。

ただし、最近発表された北朝鮮の文献は、北朝鮮の金融機関を中央銀行（Central Bank）、商業銀行（commercial banks）及びその他金融機関（financial companies）に区分し、商業銀行をさらに国家級商業銀行（national commercial bank）、地方級商業銀行（local commercial bank）及び外国人投資銀行（foreign-invested bank）に区分している[129]。これによると、中央級商業銀行には、対外貿易銀行、大成銀行、高麗商業銀行、統一開発銀行、イルシム国際銀行などが含まれ、地方級商業銀行としては、2016年中旬を基準に、平壌市銀行（Pyongyang Municipal Bank）など12個の銀行が設立・運営中であると言われている。

以上の分類を下記のとおり整理できる[130]。

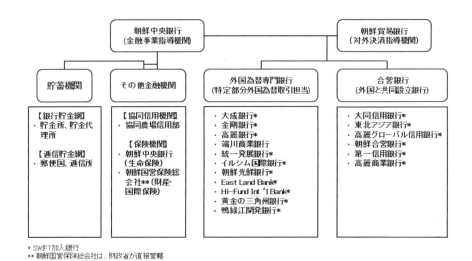

---

129) Investment Guide to the DPRK、20頁。
130) 統一経済、52頁。

02 北朝鮮の金融関連法令の制定・改正

　北朝鮮は、2004年9月に中央銀行法を制定して以来、一連の金融関連法令を制定・改正した。このような金融関連法令の制定・改正は、大きな枠において、計画経済のもとで単一銀行体制を二元的銀行体制に変更しようとする北朝鮮当局の努力として見られるだろう。これまでに北朝鮮が制定・改正した金融関連法令とその主要内容は、次のとおりである。

関連法律	制定	最近の改正	主要内容
外貨管理法	1993年1月	2004年11月	• 外貨の収入と利用、搬出入に関する制度と秩序を確立 • 外貨を統一的に掌握し、合理的に利用するのに寄与
外国投資銀行法	1993年11月	2011年12月	• 金融分野で世界各国との協調を拡大、発展するのに寄与
保険法	1995年4月	2015年4月	• 保険事業で制度と秩序を確立 • 保険当事者の権利と利益を保護し、国家の経済発展と人民生活の安定に寄与
財政法	1995年8月	2015年4月	• 財政の機能と役割の向上 • 国家運営に必要な貨幣資金を計画的に準備し、統一的に分配・利用
貨幣流通法	1998年11月	2009年11月	• 現金と無現金流通で制度と秩序の確立 • 貨幣流通を強固にし、経済管理を合理的に行う
中央銀行法	2004年9月	2015年7月	• 中央銀行事業で制度と秩序の確立 • 国家の貨幣政策を正確に執行
国家予算収入法	2005年7月	2011年11月	• 国家予算納付資料の登録、国家予算の納付、国家予算納付書類の管理で制度と秩序の確立 • 国家管理と社会の建設に必要な資金を準備するのに寄与

V. 北朝鮮金融法制

関連法律	制定	最近の改正	主要内容
商業銀行法	2006年1月	2015年7月	• 商業銀行の設立と業務、会計、統合及び解散で制度と秩序を確立 • 商業銀行の役割を高め、金融取引の便宜を保障
資金洗浄防止法	2006年10月	2014年2月	• 金融事業で制度と秩序を確立 • 様々な形態の資金洗浄及びテロ資金支援行為の防止 • 国家の金融体系と社会的安定を保障

　特に、商業銀行法は、制定当時に多くの関心を集めた。商業銀行の設立は、中央銀行中心の単一金融体制ではなく、中央銀行と商業銀行が分離された二元的銀行体制を導入する意味だからである。特に、北朝鮮の中央銀行法と商業銀行法に現れた北朝鮮の銀行体制は、資本主義国家で採用している現代的な金融システムと類似するものとして評価される。これにより、中央銀行は、発券と通貨量調節（中央銀行法第25条、第26条）、商業銀行を含む金融システムに対する監督と統制（中央銀行法第40条、第43条）、貨幣流通に対する最終的な決済と金融機関に対する貸付（中央銀行法第27条、第28条）のような一般的な中央銀行機能に集中する。その反面、商業銀行は、預金、貸付、口座開設及び管理、国内外決済、外貨交換、顧客に対する信用確認及び保証、金融債権発行及び売買などのような商業銀行業務を遂行する（商業銀行法第18条）。

　その他に、商業銀行法は、次のような事項を規定している。

- 適用対象：商業銀行法は、国内で設立・運営される商業銀行に適用され、特殊経済地帯での商業銀行と外国投資銀行の設立・運営については、商業銀行法は適用されない（商業銀行法第7条）。したがって、商業銀行法は、国内適用を目的として制定された法律であると言える。参考として、羅先経済貿易地帯法は、銀行の設立、口座開設、資金の貸付、有価証券の取引などに関する別途の規定を置いており（羅先経済貿易地帯法第60－64条）、外国投資銀行については、外国投資銀行法が適用される。
- 商業銀行の設立：商業銀行を設立する際には中央銀行の承認を受けなければならない（商業銀行法第9条）。商業銀行法は、商業銀行の設立のために提出すべき書類と承認手続に関して詳細な規定を置いている（商業銀行法第9－17条）。

- 商業銀行の業務：商業銀行の業務範囲については、前述した通りである（商業銀行法第18条）。商業銀行法は、特に、預金[131]、支払準備金、貸付、口座開設及び代金決済、外貨の交換などに関する規定を置いている（商業銀行法第19-41条）。
- 商業銀行の会計：商業銀行は、義務的に会計検証機関の検証を受けなければならなく、検証を受けた会計決算書を監督機関に提出しなければならない（商業銀行法第45条）。
- 商業銀行の統合及び解散：商業銀行は、顧客の利益を厳重に侵害したり、又は経営活動を継続できない場合、他の商業銀行に統合されたり、又は解散できる（商業銀行法第48条）。この場合、商業銀行は、統合又は解散を中央銀行に申請し、承認を受けなければならない（商業銀行法第49条、第50条）。

　ただし、現在まで、商業銀行法による商業銀行の設立はなされていないものとして一般的に理解されている。これは、北朝鮮に対する金融制裁と北朝鮮の財源不足によるものとして捉えられている。しかし、北朝鮮は、2015年度にも商業銀行法を改正するなど、金融システムに関する関心を寄せており、今後、近いうちに商業銀行の出現を期待できるだろう。

---

131) 預金と関連しては、特に、商業銀行法が「顧客が預金に対する支払を要求する場合、現金と利子を適時に正確に支払わなければならない」と規定しているところに注目する必要がある（商業銀行法第20条）。過去、中央銀行は、一般人が自分の貯金を引き出すのに消極的であり、これにより、北朝鮮では、銀行の信頼度が低いと知られていた。上記のような条項は、このような問題を解決するための試みとして見る見解がある（産業銀行、116-117頁参照）。

Ⅴ. 北朝鮮金融法制　103

03 外国投資銀行に対する規制

(1) 概説

北朝鮮は、外国資本の誘致のため、合営法、合作法及び外国人企業法をはじめ、外国人投資関連法律を制定し、その一環として、1993年11月に外国投資銀行法を制定した。前述したように、商業銀行法は、北朝鮮国内に設立された商業銀行についてのみ適用され、外国投資銀行には適用されないため（商業銀行法第7条）、外国投資銀行法は外国投資銀行を規律する唯一の法律であると言えよう。外国投資銀行法に関する細部事項を定めるために、1994年12月に外国投資銀行法施行規定が一緒に制定され、外国投資銀行法施行規定は、2002年12月に最後の改正がなされた。

(2) 外国投資銀行の分類と設立地域

外国投資銀行には、合営銀行、外国人銀行及び外国銀行支店が含まれる（外国投資銀行法第2条）。合営銀行は、北朝鮮の銀行及びその他金融機関と外国投資家が共同で出資して設立・運営し、持分に基づいて利益を分配する銀行を意味し、外国人銀行は、外国投資家が単独で投資して設立・運営する銀行を意味し、外国銀行支店は、外国にある銀行の本店が設立・運営する支店を意味する（外国投資銀行法施行規定第3条）。外国投資企業が外国人投資企業と外国企業に分類され、外国人投資企業はさらに合営企業、合作企業及び外国人企業に分類される点から、上記のような外国投資銀行の分類は、外国投資企業の分類と一致すると言えるだろう。ただし、合作企業形態で外国投資銀行を設立できない点は、興味を引く部分である。

合営銀行は、設立地域に制限なく、北朝鮮内のどこにでも設立できる反面、外

104　北朝鮮投資ガイド

国銀行と外国銀行支店は、羅先経済貿易地帯のみ設立できる（外国投資銀行法第2条）。これは支店の開設と関連しても同様に適用され、合営銀行は、北朝鮮の国内と国外に支店を設立できる反面、外国人銀行は、羅先経済貿易地帯でのみ支店を設立できる（外国投資銀行法施行規定第5条）。

(3) 外国投資銀行の設立

外国投資銀行を設立する外国投資家は、銀行設立申請書を中央銀行（羅先経済貿易地帯の場合、中央銀行支店）に提出しなければならない（外国投資銀行法施行規定第10条）。外国投資銀行法施行規定は、銀行設立申請書に含まれるべき内容を詳細に規定している（外国投資銀行法施行規定第11－13条）。外国投資銀行の設立申請は、合営銀行の場合は合営当事者により、外国人銀行の場合は外国投資家により、外国銀行支店の場合は外国にある銀行の本店によりそれぞれなされる（外国投資銀行法施行規定第14－16条）。

中央銀行は、銀行設立申請書を受付けた日から50日以内に承認可否を決定し、その結果を申請者に通知しなければならない（外国投資銀行法第12条）。設立承認がなされた場合、申請者は30日以内に道（直轄市）人民委員会（羅先経済貿易地帯の場合、羅先市人民委員会）に銀行設立登録を行い、銀行登録証と営業許可証の発給を受けた後、営業許可を受けた日から20日以内に所在地財政機関に税務登録を行わなければならない（外国投資銀行法第13条）。銀行設立申請者は、営業許可を受けた日から10ヶ月以内に銀行業務を開始しなければならない（外国投資銀行法施行規定第25条）。

(4) 外国投資銀行の資本金と積立金

外国投資銀行は、銀行を運営するのに必要な資本金又は運営資金を保有しなければならない（外国投資銀行法施行規定第36条）。これにより、合営銀行と外国人銀行の登録資本金は、22億5,000万ウォン以上に該当する転換性外貨であり、外国銀行支店の運営資金は、6億ウォン以上に該当する転換性外貨でなければならない（外国投資銀行法第35条）。合営銀行と外国銀行の場合、登録資本金を分納できるが、少なくとも銀行設立の承認を受けた日から30日以内に登録資本金の50%以上を納入しなければならない（外国投資銀行法施行規定第37条第1号）。一

V. 北朝鮮金融法制　105

方、外国銀行支店の場合、設立承認を受けた日から30日以内に運営資金の全額を納入しなければならない。

　外国投資銀行は、自己資本金（納入資本金、予備基金、その他剰余金など）を債務保証額又は自己債務額の5%以上保有しなければならない（外国投資銀行法第20条、同法施行規定第39条）。他の金融機関から保証を受けたり、又は保険により担保の提供を受けた債務は、自己債務額に含まれず（外国投資銀行法施行規定第39条）、自己資本金が3ヶ月以上不足した場合、解散処分を受けることがある（外国投資銀行法施行規定第39条）。また、合営銀行と外国人銀行は、登録資本金の25%に至るまで、毎年、決算利潤の5%を予備基金として積立なければならない。予備基金は、損失金を補充したり、又は資本金増額させる用途に限って使用しなければならない（外国投資銀行法第21条、同法施行規定第40条）。

(5) 外国投資銀行の業務と健全性管理

　外国投資銀行は、商業銀行に準じて外貨預金、外貨貸付、両替、外貨投資、保証、外貨送金、輸出入物資代金決済、非居住者間の取引、外貨有価証券の売買などに関する業務を遂行する（外国投資銀行法第23条）。主要業務の内容と規制に関する事項を整理すると、下記のとおりである。

- 外貨預金：北朝鮮の国内外の金融機関と北朝鮮の国内の外国人投資企業、外国企業及び外国人を対象に当座預金（時座預金）、定期預金、譲渡性預金などの外貨預金を取扱う（外国投資銀行法施行規定第44条）。
- 外貨貸付：北朝鮮の機関・企業所・団体と北朝鮮の国内外の外国人投資企業及び外国人を対象に手形割引、証書貸付、当座預金超過支払のような外貨貸付を取扱う。この場合、個別企業に対して自己資本金の25%を超過する貸出はできない（外国投資銀行法施行規定第45条）。
- 外貨投資：外国投資銀行は、自己資本金の35%を超過して外貨投資を行うことができない。ただし、金融機関に対して外貨投資を行う場合には、このような制限の適用が排除される（外国投資銀行法施行規定第46条）。
- 保証業務：外国投資銀行は、入札保証、契約履行保証、債務保証、貨物引受保証などの保証ができる。ただし、保証期間は、原則的に1年を超過できないが、期間が確定されている契約履行保証と生産資材の輸出入関連保

証は、上記のような制限の適用が排除される（外国投資銀行法施行規定第
47条）。

　資産健全性と関連して、外国投資銀行は、現金と有価証券などの流動性資産を
預金額の7%の水準まで保有しなければならず（外国投資銀行法施行規定第51
条）、不動産は自己資本の25%までのみ保有できる（外国投資銀行法施行規定第
52条）。また、外国投資銀行は、所在地の中央銀行支店に口座を開設し、月平均
預金残高の6%を預金支払準備金として預けて置かなければならない（外国投資
銀行法施行規定第55条）。

(6) 外国投資銀行に対する特恵

　外国投資銀行法は、外国投資銀行に対して与えられる特恵に関して規定してい
る（外国投資銀行法第28条、同法施行規定第59条）。これにより、羅先経済貿易
地帯で外国投資銀行を10年以上運営する場合、企業所得税を利益が出た年度から
1年間免除し、その次の2年間は50%範囲内で免除する。また、北朝鮮の銀行や機
関・企業所・団体にロンドン銀行間取引金利（LIBOR）より低い利子率で貸付し
たり、又は10年以上の長期貸付を提供した場合、関連する利子収益に対して取引
税を免除する。さらに、非居住者間の取引業務のみを専門に行う外国投資銀行に
対しては、企業所得税を免除し、非居住者間の取引業務と一般銀行業務を兼業す
る外国投資銀行に対しては、非居住者間の取引業務による所得に対して企業所得
税を10%免除する。

(7) その他

　外国投資銀行は、会計検証事務所の確認を受けた年間財政状態表と損益計算
書を決算日から30日以内に外貨管理機関に提出し、四半期財政状態表と送金換
資（両替）明細票、輸出入決済明細票、投資項目明細票を次の四半期の最初の月
15日まで外貨管理機関に提出しなければならない。また、外国投資銀行は、年間
業務報告書を次年度の3月末日まで中央銀行に提出し、月次の預金及び貸出金明
細票を翌月10日まで中央銀行に提出しなければならない（外国投資銀行法施行規
定第57条）。

V. 北朝鮮金融法制　107

一方、外国投資銀行の投資家は、中央銀行の承認を受ける場合、出資持分の全部又は一部を第三者に譲渡できる。この場合、譲渡承認申請書には、譲渡理由と譲受人、譲渡代金を明示し、譲渡契約書などを添付しなければならない（外国投資銀行法第17条、同法施行規定第35条）。

外貨管理 VI

01. 概要

02. 外貨の収入と利用

03. 外貨の搬入と搬出

04. 外貨管理に対する指導統制

北朝鮮投資ガイド

01 概要

(1) 関連法律

外国投資企業[132)] と外国人は、「朝鮮民主主義人民共和国外貨管理法（以下「外貨管理法」）、「朝鮮民主主義人民共和国外貨管理法施行規定」（以下「外貨管理法施行規定」又は「同法施行規定」）[133)] に基づき、外貨の収入と利用、搬入と搬出を行うことができ、その他の外貨管理に対する指導と統制を受ける[134)]。

(2) 外貨の種類

外貨管理法によると、外貨は、次のとおり区分される（外貨管理法第2条、同法施行規定第2条）。

---

132) 外国投資企業とは、外国人投資企業（北朝鮮で創設した合作企業、合営企業、外国人企業）と外国企業（投資管理機関に登録して経済活動を行う他国の企業）を意味する（朝鮮民主主義人民共和国外国人投資法第2条第3号ないし第8号）。

133) 外貨管理法とは、2004年11月16日の最高人民会議常任委員会政令第750号で修正、補充されたものを意味し、外貨管理法施行規定とは、2004年12月6日の内閣決定第53号で修正されたものを意味する。

134) 外貨管理法とは、①外貨収入があったり、又は外貨を利用する機関、企業所、団体と公民、②北朝鮮で外貨収入があったり、又は外貨を利用する他国又は国際機構の代表部、外国投資企業、外国人、朝鮮同胞、③他国にいる北朝鮮の代表部、企業所、会社、支社のような他国の常駐機関に適用され、特殊経済地帯に適用する外貨管理秩序は、別途定めるところによる（外貨管理法第10条、同法施行規定第13条、第14条）。

VI. 外貨管理　111

<外貨の種類>		
転換性外貨	転換性のある 外国貨幣	任意の時間と場所で他国の貨幣に転換できる外国銀行券、補助鋳貨
	外貨有価証券	外貨で表示された国家債券、地方債券、会社債券、株式、出資証書のような証券
	外貨支払手段	外貨で表示された手形、小切手（行票）、預金及び貯金証書、支払指示書、各種クレジットカード
	貴金属	装飾品ではない金、銀、白金、金貨、銀貨、その他国際金融市場で取引される貴金属
非転換性外貨		任意の時間と場所で他国の貨幣に転換できない外国銀行券、補助鋳貨

(3) 関連機関

　外貨に対する統一的な管理は、財政省（以下「国家外貨管理機関」）が行う。外国換資（両替）業務は貿易銀行が行い、他の銀行も国家外貨管理機関の承認を受けて外国換資業務を行うことができる（外貨管理法第3条、第4条、同法施行規定第3条、第5条）。

　外貨の売買、預金、貯金、抵当のような外貨取引は、外国換資業務を行う銀行（以下「対外決済銀行」）に限って行うことができる（外貨管理法第6条、同法施行規定第8条）。外国投資企業の対外取引による決済は、該当対外決済銀行にある口座（ドンザリ）を通じて行う（外貨管理法施行規定第11条）。対外決済は、国家外貨管理機関が定めた外貨で行わなければならなく、他の外貨で対外決済を行う場合には、国家外貨管理機関の承認を受けなければならない。ただし、北朝鮮政府と他国の政府との間で対外決済に関する協定が締結されている場合には、それに従う（外貨管理法第8条、同法施行規定第10条）。

　朝鮮ウォンに対する外貨換資（両替）相場の種類と適用範囲、固定換資相場は、国家外貨管理機関が定め、朝鮮ウォンに対する外貨現金換資相場と決済換資相場のような市場換資相場は、貿易銀行が定める（外貨管理法第7条、同法施行規定第9条）。

(4) 法的保護及び流通禁止原則

　北朝鮮内で個人が合法的に取得した外貨と、他国から送金又は持参した外貨は、法的に保護され、それを譲渡又は相続できる（外貨管理法第9条、同法施行規定第12条）。

　北朝鮮内では、外貨現金を流通させることはできず、外貨現金は指定された場所で朝鮮ウォンと交換しなければならない（外貨管理法第5条、同法施行規定第4条）。合営企業が北朝鮮内で北朝鮮の機関、企業所、団体、個人と外貨現金での取引を行うことはできない（合営法施行規定第107条）[135]。

135）朝鮮投資法案内、186頁。

02 外貨の収入と利用

(1) 口座の開設

　合作、合営、外国人企業、支社、事務所のような外国投資企業は、貿易銀行に口座を開設しなければならなく、国家外貨管理機関の合意を得た場合には、北朝鮮内にある他の対外決済銀行や北朝鮮の外にある銀行に口座を開設することもできる（外貨管理法第13条、同法施行規定第20条）。ただし、口座は、財政の唯一管理制原則の要求に合うように開設しなければならなく、外国投資企業は、原則として一つの銀行にのみ口座を開設しなければならない（外貨管理法施行規定第18条第1号、第2号）。合営企業は、他国にある銀行に口座を開設する場合、外貨を他国にある銀行に振り込む場合には、国家外貨管理機関の承認を受けなければならない（合営法第28条、合営法施行規定第105条）[136]。

　口座を開設する場合には、口座開設する銀行に口座開設申請書を提出しなければならなく（銀行取引に使われる印鑑票、口座開設関連の国家外貨管理機関の承認又は合意文書等必要な証明書類を添付）、外国投資企業の場合には、企業創設申請書などを添付しなければならない（外貨管理法施行規定第21条）。

(2) 外貨の収入

　外国投資企業は、販売及びサービス料の収入金、利子及び手数料のような外貨収入金を取引銀行にある口座に入金しなければならない（外貨管理法施行規定第28条）。

　外国人は、北朝鮮の外から送金されたり、又は北朝鮮内で合法的に得た外貨を北朝鮮の対外決済銀行に貯金したり、又は売ることができる（外貨管理法第16

136）朝鮮投資法案内、186頁。

条、同法施行規定第31条）。

(3) 外貨の利用

外貨は、次のような取引に利用される（外貨管理法第17条、同法施行規定第32条）。

<外貨の利用範囲>	
貿易取引	商品の輸出入及びこれと直接関連する経済取引
非貿易取引	代表部の維持費、代表団の旅費、利子、利益配当金のような支払取引、観光、逓信、港湾、サービス提供と関連する取引、相続、保証と関連する支払取引
資本取引	直接投資、民間投資、政府投資、信託、債務保証、外貨支払手段又は債券の売買、証券の発行と取得、不動産取得等の取引
金融取引	商業銀行の債権、債務、中央銀行の債権、債務と関連する取引

対外取引による外貨決済は、信用状、送金、代金請求及び支払委託等の方法で行わなければならない（外貨管理法第18条、外貨管理法施行規定第38条）。

(4) 口座出金

外国投資企業は、該当対外決済銀行にある口座の残高の範囲内で資金支出を申請できる（外貨管理法施行規定第43条）。対外決済銀行は、外国投資企業が要求する支出承認された外貨を該当口座の残高範囲内で無条件に渡さなければならない（外貨管理法施行規定第44条）。

対外決済銀行は、外貨預金と貯金の秘密を保障し、該当する利子を計算して支払わなければならなく、預金者や貯金者が要求する外貨を適時に渡さなければならない（外貨管理法第21条、同法施行規定第46条）。対外決済銀行は、預金者や貯金者が要求する外貨を適時に渡せず、損害を与えた場合、該当損害を補償しなければならない。損害補償は、対外決済銀行が遅延させた金額と期間に対し、制定された利子率より20%高い利子率に基づいて利子を計算し、貯金者や預金者に支払う方法で行う（外貨管理法第39条、同法施行規定第80条）。

対外決済銀行は、口座から発生した取引の当日入出金通知書は翌営業日までに、その月に発生した取引の月計示書（月次計算書）は翌月10日までに口座管理者に発給しなければならない。口座管理者は受領した入出金通知書を翌営業日までに、月計示書はこれを受け取った翌日から5営業日以内に検討し、意見を該当銀行に知らせなければならない（外貨管理法施行規定第47条）。

(5) 貸付、外貨債券及び証券の発行

外国投資企業は、対外決済銀行から生産の正常化、生産工程の現代化をはじめ、経営活動に必要な外貨の貸付を受けられる（外貨管理法施行規定第48条）。対外決済銀行は、外貨貸付計画に基づいて外貨を貸付なければならなく、外貨貸付計画は、国家外貨管理機関と合意し、内閣の承認を受けなければならない（外貨管理法第22条、同法施行規定第49条）。合営企業は、北朝鮮又は他国にある銀行から経営活動に必要な資金の貸付を受けられる。他国の銀行から経営活動に必要な資金の貸付を受ける場合には、国家外貨管理機関に知らせなければならない（合営法施行規定第103条）[137]。

外国投資企業が外貨債券や株式のような外貨有価証券を発行する場合には、該当機関の承認又は合意を受けなければならない（外貨管理法第24条、同法施行規定第51条）。

---

137) 朝鮮投資法案内、185頁。

116　北朝鮮投資ガイド

03 外貨の搬入と搬出

(1) 一般規定

外貨現金、外貨有価証券、貴金属の搬入と搬出に適用される制限は、次のとおりである。ただし、北朝鮮政府と他国政府との間に相手方貨幣の搬出入と関連する協定が締結されている場合には、その協定に基づいて外貨を搬出入する（外貨管理法施行規定第62条）。

	搬入	搬出
外貨現金	・制限なしで搬入可能 ・税関に申告しなければならず、手数料又は関税を適用しない。 ・外貨管理法第25条、同法施行規定第54条	・対外決済銀行が発行した外貨交換証明書類、外貨現金支払書類や入国時に税関申告書類で明かした金額の範囲内でのみ搬出可能 ・外貨管理法第26条、同法施行規定第55条
外貨有価証券		・入国時に税関に申告した外貨有価証券：税関に申告した範囲で搬出可能 ・その他の外貨有価証券：国家外貨管理機関の承認を受けることにより搬出可能 ・外貨管理法第27条、同法施行規定第56条
貴金属		・入国の際持ち込んだ貴金属：税関に申告した範囲で搬出可能 ・入国時に税関に申告した貴金属を除いた貴金属及び輸出する貴金属：中央銀行の承認を受けることにより搬出可能 ・北朝鮮内で購入した記念鋳貨や装飾品を除いた貴金属製品：販売者が発給した証憑書類に基づいて搬出可能 ・外貨管理法第28条、同法施行規定第57条

VI. 外貨管理　117

(2) 外国投資企業の外貨搬出

外国投資企業は、次のような外貨を北朝鮮の外に持ち出すことができる（外貨管理法施行規定第58条）。

- 生産用の原料、資材及び設備などを輸入するための資金
- 経営用の物資を輸入するために必要な資金
- 他国で組織した支社、代表部、代理店、出張所の経費資金
- 他国の有価証券や不動産を取得するために必要な資金

外国投資家が企業を通して得た利潤と所得金、企業を清算して残った資金は、会計検証機関の確認を受けた条件により、北朝鮮の外に税金なしで送金したり、又は資本を制限なしで移転できる（外貨管理法第29条、同法施行規定第60条）[138]。これにより、外貨を送金する場合には、送金申請書類を該当銀行に提出しなければならない。この場合、送金申請書類には、中央投資管理機関の確認書類が添付されなければならない[139]。

(3) 外国人の外貨搬出

外国人は、賃金（労賃）とその他合法的に取得した外貨の60%までを北朝鮮の外に送金したり、又は持ち出すことができる。60%を越える金額を送金したり、又は持ち出す場合には、国家外貨管理機関の承認を受けなければならない（外貨管理法第30条、同法施行規定第61条）。

---

138) 外国人投資法では、「外国投資家が企業運営又は銀行業務から得た合法的な利潤とその他所得、企業又は銀行を清算して残った資金は、制限なしで北朝鮮の外へ送金できる」と規定している（第20条）。

139) 朝鮮投資法案内、187頁。

04 外貨管理に対する指導統制

(1) 外国投資企業

外国投資企業は、四半期ごとに外貨の収入と支出に関連する決算を行い、会計検証機関の検証を受け、定められた期間までに該当機関を通じて国家外貨管理機関に提出しなければならない（外貨管理法施行規定第72条）。

他国にある銀行に口座を開設した外国投資企業は、四半期ごとにその口座での外貨収入、支出と関連する書類を、次の四半期の最初の月30日以内に国家外貨管理機関に提出しなければならない（外貨管理法施行規定第73条）。他国にある銀行に口座を開設した合営企業（羅先経済貿易地帯内の合営企業を除く）は、四半期ごとにその口座の外貨収入や支出と関連する書類を、四半期が終わった日から30日以内に中央投資管理機関と国家外貨管理機関に提出しなければならない（合営法施行規定第106条）[140]。

(2) その他

外貨を密売した場合、外貨の搬出入秩序を破り外貨を搬出入した場合、非法的な外貨収入があった場合などの事由がある際には、該当外貨を全額没収する（外貨管理法第41条、同法施行規定第81条）。

国家外貨管理機関の承認又は合意なしで他の銀行に口座を開設した場合には、該当口座を閉鎖させ、口座残高の50%の範囲で罰金を科す（外貨管理法施行規定第82条）。延滞料、弁償金、回収金、罰金、没収金の支払を拒絶したり、又は指定された期間内に納付しなかった場合には、該当取引銀行にある口座から強制的に回収し（外貨管理法施行規定第83条）、外貨で受け取った延滞料、没収金、回

140）朝鮮投資法案内、186頁。

VI. 外貨管理　119

収金、罰金、弁償金は、国家外貨口座にのみ納付させる（外貨管理法施行規定第84条）。

労働 VII

01. 序論

02. 外国人投資企業労働法の基本原則及び適用範囲

03. 採用及び労働契約

04. 労働時間と休息

05. 労働報酬

06. 労働保護

07. 解雇

08. 制裁及び紛争解決

北朝鮮投資ガイド

01 序論

　北朝鮮の労働法制には、社会主義労働法（1999年6月16日最高人民会議常任会政令第803−1で修正）、労働定量法（2009年12月10日最高人民会議常任委員会政令第484号で採択）、労働保護法（2010年7月8日最高人民会議常任委員会政令第945号で採択）、労働定量法（2009年12月10日最高人民会議常任委員会政令第484号で採択）がある。これは、北朝鮮地域で一般的に適用される社会主義労働法制である。

　ただし、北朝鮮は、開放政策を施行するにつれ、外国人投資企業に対する労働法制の一部に資本主義的要素（賃金、解雇、退職金など）を導入した。北朝鮮は、1993年に「外国投資企業労働規定」（1993年12月30日政務院決定第80号）を置いていたが、2009年に「朝鮮民主主義人民共和国・外国人投資企業労働法」を制定した（2009年1月21日最高人民委員会常任委員会政令第3053号で採択、2001年12月21日最高人民委員会常任委員会政令第2047号で修正、補充、以下「外国人投資企業労働法」）。以下では、上記外国人投資企業労働法の主要内容を概観する（そのほか、経済特区では、別の労働法制が適用されることもある：例えば、開城工業地区労働規定など）。

VII. 労働　123

外国人投資企業労働法の基本原則及び適用範囲

　外国人投資企業労働法は、北朝鮮労働者の基本採用原則（第2条）、労働条件保障の原則（第3条）、労働報酬支払の原則（第4条）、社会保険及び社会保障の原則（第5条）、他の事業動員禁止の原則（第6条）などの基本原則を提示している。

　外国人投資企業労働法は、合営企業、合作企業、外国人企業のような外国人投資企業に適用される。北朝鮮の労働者を採用しようとする外国投資銀行と外国企業にもこの法が適用され、外国企業とは外国企業の支店を意味すると解釈される（第8条）。外国人投資企業の労働力使用については、北朝鮮の中央労働行政指導機関が監督（指導）する（第7条）。

03　採用及び労働契約

(1) 労働者採用の原則及び手続

　外国人投資企業は、原則的に北朝鮮の労働者を採用しなければならない。しかし、必要な場合には、一部の管理人員、特殊な職種の技術者及び技能工の職域で外国人労働者を採用できる。外国人投資企業は、16歳以下の未成年者を採用できない（第2条）。

　北朝鮮には労働市場がない。就業年齢に至った労働力は、労働行政機関で労働者の希望と才能を考慮して適材適所に計画的に配置する。外国人投資企業が北朝鮮労働行政機関の協力を得ずに北朝鮮労働者を採用するのは難しい。このため、外国人投資企業労働法は、外国人投資企業が北朝鮮の労働行政機関を通して北朝鮮労働者を採用するように規定している。北朝鮮の労働行政機関を除き、他の機関、企業所、団体は、労働力を提供する事業を行うことができない（第9条）。

　具体的に、北朝鮮労働者の採用手続は、次のとおりである。外国人投資企業は、企業が所在した労働行政機関に「労働者採用申請書（労力保障申請書）」を提出する。上記申請書には、採用する労働者の数、性別、業種、技術、技能級数、採用期間、賃金などを具体的に記載する（第10条）。労働行政機関は、上記申請を受けた後30日以内に外国人投資企業が要請した労働者を提供する。万一、企業所在地に適正な労働者がいない場合、他の地域の労働行政機関と合意して労働者を提供する（第11条）。外国人投資企業は、原則的に北朝鮮の労働行政機関が提供する北朝鮮労働者を採用しなければならないが、例外として採用基準に合わない北朝鮮労働者は採用しないことができる（第12条）。

　一方、外国人投資企業が北朝鮮労働者ではない外国人労働者を採用する場合には、「投資管理機関」に「外国人労力採用書類」を提出しなければならない。上記「外国人労力採用書類」には、該当外国人労働者の名前、性別、年齢、国籍、居住

Ⅶ. 労働　125

地、知識程度、技術資格、職種のような事項を正確に記載しなければならない（第13条）。投資管理機関は、外国人労働者の必要性などを審査し、採用当否を承認するのであろうと予想される。前述したように、外国人労働者は、「一部を管理人員、特殊な職種の技術者及び技能工」に限って制限的に採用できる（第2条）。

(2) 労働契約の締結

外国人投資企業は、「職業同盟組織」と労働契約を締結し、これを履行しなければならない（第14条）。職業同盟組織は、北朝鮮労働者の利益のために、外国人投資企業と労働契約を締結し、その執行を監督する。労働契約には、労働時間、休息、労働条件、生活条件、労働保護、労働報酬支払及び賞罰問題などが含まれる（第14条）。

外国人投資企業が「職業同盟組織」と締結した労働契約は、一種の「団体契約」として個別的な「採用契約（労働採用契約）」の基礎となる。団体契約で定めた労働条件と労働者の待遇基準に違反する採用契約は締結できない。

外国人投資企業は、職業同盟組織と締結した労働契約書類を企業所在地の労働行政機関に提出しなければならない（第15条）。労働契約は、当事者が合意して変更することができ、この場合、労働行政機関に変更事項を知らせなければならない（第16条）。

04 労働時間と休息

(1) 労働時間

　原則的に労働者の労働日数は週6日、労働時間は1日8時間である（週48時間）。外国人投資企業は、労働の強度又は特殊な条件により、労働時間をより短く定めることができ、季節の影響を受ける部分の場合、年間労働時間の範囲で実情に合わせて労働時間を別途定められる（第17条）。

　外国人投資企業は、定められた労働時間内でのみ労働力を使用でき、労働者は、労働時間を正確に遵守しなければならない。ただし、外国人投資企業がやむを得ない理由で労働時間を延長する場合には、職業同盟組織と合意しなければならない（第18条）。ただし、外国人投資企業は、妊娠したり、又は乳児を養育する女性労働者に延長労働及び夜間労働をさせることはできない（第35条）。

(2) 休息、休暇

　祝祭日と日曜日は休息が保障され、やむを得ない事由で祝祭日と日曜日に労働をさせた場合には、1週間以内に代替休暇を与えなければならない（第19条）。万一、外国人投資企業がやむを得ない事情により祝祭日と日曜日に労働をさせたのにも関わらず代替休暇を与えられなかった場合には、「働いた日又は時間に応じ、日当又は時間当たり労賃額の100%に該当する加給金を与えなければならない」とし（第27条）、休日労働後に代替休暇を与えられなければ、労賃100%に加給金100%を加算し、合計200%を支給しなければならないものとして解釈できる。休息が保障される北朝鮮の主要な祝祭日は下記のとおりである。

VII. 労働　127

[北朝鮮の主要な国家祝祭日]

- 1月1日（陽暦）：正月
- 1月1日（陰暦）：旧正月
- 2月16日：民族最大の祝日
- 4月15日：太陽節
- 4月25日：朝鮮人民軍創建日
- 5月1日：国際勤労者節
- 7月27日：祖国解放戦争勝利の日
- 8月15日：祖国解放の日
- 9月9日：共和国創建日
- 10月10日：朝鮮労働党創建日
- 12月27日：社会主義憲法節

cf. 秋夕（ハンガウィ）や小正月（陰暦）など民族的な風習により休む祝日と、部門祝日がある。

　年間定期休暇は、一般的に14日であり、有害労働をする場合には、追加で7〜21日の補充休暇が与えられる（第20条）。産前休暇は60日、産後休暇は80日で女性の労働条件を手厚く保護している（第21条）。外国人投資企業は、定期休暇、補充休暇、産前・産後休暇を受けた労働者に休暇日数に基づく休暇費を支給し、休暇費は休暇前3ヶ月間の労賃を実際勤務日数に基づいて平均した1日当たりの労賃額に休暇日数を適用して算定する（第25条）。

128　北朝鮮投資ガイド

05 労働報酬

　外国人投資企業労働法は、労働者に支給する報酬（労働報酬）の種類を労賃、加給金、奨励金、賞金に区分している（第22条）。外国人投資企業は、労働報酬を定められた日付に全額貨幣で支給しなければならず、定められた給与日以前に辞職又は退職した労働者には、該当手続が終わった後に労働報酬を支給しなければならない（第30条）。

　計画経済及び社会主義労働法制のもとでは、国家が一方的に「生活費」を定め、労働者に支給する。一方、外国人投資企業労働法では、外国人投資企業と労働行政機関及び職業同盟組織が合意して「労賃」を決定する。資本主義及び労働市場の要素を一部導入し、使用者と労働者が賃金を決定するように規律しているものである。

　労賃は、報酬算定の基本単位として加給金（加算手当）などを算定する基礎となる。外国人投資企業労働法は、最低労賃（最低賃金）を規制している。外国人投資企業労働者の月最低労賃は、中央労働行政機関又は投資管理機関が定める。月最低労賃は、労働者が労働過程で消耗した肉体的及び精神的な力を補償し、生活を円満に保障できるように定めなければならない（第23条）。参考として、労賃基準は、地域及び分野と業種によりそれぞれ異なるが、外国人企業が一般労働者を採用する場合、月最低賃金は€30であり、炭鉱など鉱山部門の労働者を採用する場合、月最低賃金は€30である[141]。企業は、生産水準と労働者の技術熟練度及び労働生産能率が高まるのに合わせ、労賃基準を徐々に高めなければならない（第24条）。

　外国人投資企業は、労働時間外の週間延長労働をさせたり、労働時間内に夜間労働をさせた場合には、「働いた日又は時間に限り、日当又は時間当たり労賃額の50％に該当する加給金を与えなければ」ならない。労働時間外の夜間延長労勤をさせた場合には、「日当又は時間当たり労賃額の100％に該当する加給金を与え

141）Investment Guide to the DPRK、45頁。

Ⅶ. 労働　129

なければ」ならない（第28条）。労賃を基準として週間延長労働及び夜間労働には50%を、夜間延長労働には100%の加算賃金を支給するように規定している。また、前述したように、祝日と日曜日に労働をさせて代替休暇を与えない場合には、「日当又は時間当たり労賃額の100%に該当する加給金を与えなければ」ならない（第27条）。

　一方、外国人投資企業は、企業の責任で労働者が勤務できなかった場合、「時間当たり労賃額の60%以上に該当する補助金を与えなければ」ならない（第26条）。上記「補助金」は、一種の「休業手当」として解釈される。

　外国人投資企業は、決算利潤の一部として賞金基金を組成し、成果が優秀な労働者に賞金を与えることができる（第29条）。賞金は、一種の「賞与金」として、外国人投資企業がその裁量に基づいて賞与金の支払有無及び支給額を決定できるものとして見られる。奨励金については、外国人投資企業労働法に特別の規定はない。

　また、外国人投資企業は、定期休暇、補充休暇、産前・産後休暇を受けた労働者に休暇日数に基づいて休暇費を支給しなければならない。休暇費は、休暇前3ヶ月間の給与を実稼動日数に基づいて平均した1日ごとの労賃額に、休暇日数を適用して計算する（第25条）。

06 労働保護

　外国人投資企業は、労働安全施設と産業衛生条件を備えなければならなく、これを絶えず改善し、労働災害と職業性疾患を予防し、労働者が安全に文化衛生的な職場で働けるようにしなければならない（第31条）。産業衛生条件とは、高熱、ガス、ほこりなどを防ぎ、採光、照明、通風などを保障する条件を意味する。

　具体的に、外国人投資企業労働法は、労働保護のために多様な規定を置いている。まず、外国人投資企業は、労働者に労働安全技術教育を実施した後に仕事をさせなければならない。労働安全技術教育の期間と内容は、業種と職種に合わせて個別に定められる（第32条）。外国人投資企業は、生産及び作業組織に先立って、労働安全状態を具体的に調べ、労働者の生命と健康を害することができる危険箇所を適時に取り除かなければならない。生産過程で事故危険が発生した時には、直ちに生産を止め、危険箇所を整備した後に生産を継続しなければならない（第33条）。外国人投資企業は、生産過程でガス、ほこり、高熱、湿度、放射線、騒音、振動、電気場のような有害要素が許容基準を超過しないようにし、危険要素がある作業現場には安全注意の標識を設け、労働災害の発生に対処できる保護手段を備えなければならない（第34条）。外国人投資企業は、労働者に保護用具と作業必需品、栄養食料品、保護薬剤、解凍製薬、皮膚保護剤、洗浄剤のような労働保護物資を適時かつ十分に供給しなければならない（第37条）。

　外国人投資企業労働法は、女性の労働をより手厚く保護している。女性労働者のための労働保護施設を十分に備え妊娠したり、又は乳児を育てる労働者に延長労働又は夜間労働をさせるのは禁じられている（第35条）。また、外国人投資企業は、実情に合わせて労働者の子女のための託児所又は幼稚園を運営できる（36条）。

　産業災害については、労働行政機関の管理と監督を受ける。外国人投資企業は、作業過程で労働者が死亡又は負傷する産業災害事故が発生した場合には、企

業所在地の労働行政機関に申告しなければならない。労働行政機関と外国人投資企業、該当機関は、事故審議を組織し、事故原因を明らかにして必要な対策を立てなければならない（第38条）。

07 解雇

　外国人投資企業労働法は、労働者の解雇事由及び手続を厳格に統制している。「解雇事由」の場合、外国人投資企業は、採用期間（労力採用期間）が終わる前、又は働く年齢が過ぎる前には、「正当な理由なく」労働者を解雇できない（第44条第1文）。従業員を解雇できる「正当な理由」として下記5つの事由が挙げられている（第45条）。

① 疾病や負傷により自己の現職種や他の職種で働けなくなった場合
② 企業の経営や技術条件の変動により労働力が残る場合
③ 労働規律を違反し、厳重な事故を起こした場合
④ 技術技能水準の不足により自己の職種で働けない場合
⑤ 企業の財産に莫大な損失を与えた場合

　外国人投資企業労働法は、絶対的な「解雇禁止事由」も明示している。「病気や負傷により治療を受けている期間が1年まで至らなかった場合」（第1号）と、「産前・産後休暇や子供に授乳する期間である場合」（第2号）には、労働者を解雇できない（第47条）。

　「解雇手続」に関し、外国人投資企業は、労働者を解雇する場合、職業同盟組織と合意しなければならない（第44条第2文）。職業同盟組織の合意を経て、事前に当事者と企業所在地の労働行政機関に通知しなければならない（第46条）。

　外国人投資企業労働法は、「解雇」以外に「辞職」に関する規定も置いている。計画経済及び社会主義労働法制のもとでは、労働者の「辞職の自由」が認められないが、外国人投資企業労働法では、資本主義の要素を導入し、辞職の要件を一部認めたものである。法が定めた「辞職事由」は、下記のとおりである。

① 病気が起きたり、又は家庭的な事情により働けなくなった場合

Ⅶ. 労働　133

② 技術技能が不足し、多くの仕事を遂行できなくなった場合

③ 大学、専門学校、技能工学校に入学した場合

制裁及び紛争解決

　外国人投資企業労働法を反して厳重な結果をもたらした企業には、罰金を科したり、又は企業活動を中止させることができる（第49条）。ここで「罰金」とは、行政罰の一種である「過料」を指していると解釈される。

　外国人投資企業は、この法の執行と関連して異議がある場合には、該当機関に申訴を提起できる。申訴を受付けた機関は、30日以内に処理しなければならない（第50条）。

　また、この法の執行と関連して意見の違いがある場合には、原則的に当事者間の協議の方法により処理するが、協議で解決できない場合には、調停、仲裁、裁判の方法などにより解決する（第51条）。

外国投資企業の会計と税務 VIII

01. 外国投資企業会計法

02. 外国投資企業会計検証法

03. 外国投資企業及び外国人税金法

04. 税関法

北朝鮮投資ガイド

01 外国投資企業会計法

　外国投資企業会計法は、外国人投資企業、外国投資銀行、北朝鮮内で3ヶ月以上持続的な収入がある外国企業の支社、事務所、代理店などの外国投資企業に適用される（外国投資企業会計法第2条）。会計関連法規で定めていない事項は、国際的に認められる会計慣習に従う（外国投資企業会計法第9条）。特殊経済地帯に創設された外国投資企業の会計手続は、別途定めたものに従う（外国投資企業会計法第2条）。経済開発区での企業の会計計算と決算は、経済開発区に適用する財政会計関連法規に従う（経済開発区法第44条）。

　外国投資企業の会計年度は、1月1日から12月31日までとする（外国投資企業会計法第3条）。会計の貨幣単位は原則として朝鮮ウォンにするが、承認を得た場合は外貨にすることもでき、この場合、会計決算書は朝鮮ウォンで換算して作成しなければならない（外国投資企業会計法第4条）。会計書類は朝鮮語で作成し、外国語で作成された場合には朝鮮語の翻訳文を添付する（外国投資企業会計法第5条）。

　会計決算書は、財政状態表、損益計算書、利潤分配計算書又は損失処理計算書と現金流動表で構成され、前年度と比較し作成しなければならない（外国投資企業会計法第32条）。会計決算書の作成周期は、四半期及び年間とし、四半期会計決算書は四半期が過ぎた翌月15日まで、年間会計決算書は会計年度が過ぎた翌年2月以内に作成する（外国投資企業会計法第33条）。

　外国投資企業は、出納業務、会計帳簿作成業務、会計書類保管業務、財産保管業務をそれぞれ分離しなければならない（外国投資企業会計法第37条）。会計書類は5年間、会計帳簿と年間会計決算書は10年間保管する（外国投資企業会計法第39条）。

02 外国投資企業会計検証法

　会計検証とは、外国投資企業の経済活動に対する会計計算資料の正確性と合法性を客観的に検討し、確証することを意味する（外国投資企業会計検証法第2条第1号）。

　外国投資企業（外国投資銀行、北朝鮮内で3ヶ月以上の持続的な収入がある外国企業の支社・事務所・代理店、外国人投資企業と外国投資銀行が他国に設立した企業又は支社・事務所も含む）は、定められた手続により、北朝鮮内における経済活動に関する会計計算資料の正確性と合法性を確かめる会計検証を義務的に受けなければならない（外国投資企業会計検証法第6条、第22条）。

　外国投資企業に対する会計検証は、北朝鮮の外国投資企業会計検証機関が行い、中央会計検証指導機関の承認を得た場合には国際的に公認された外国会計検証事務所や公認会計士も行うことができる（外国投資企業会計検証法第3条）。

　会計検証には、投資検証、決算検証、計算検証、清算検証、引受引継検証、対外協調検証、送金検証、固定財産の変更検証などがある。監督統制機関は、外国投資企業が投資検証、操業前決算検証、決算検証を受けずに営業を行う場合、営業許可証を発給しなかったり、又は中止できる（外国投資企業会計検証法第44条）。

(1) 投資検証

　新設企業は操業前に、統合又は分離される企業は企業創設承認機関に変更登録を行った日から2ヶ月以内に、再投資する企業は投資が終わった日から1ヶ月以内に会計検証機関にて投資検証申請書を提出しなければならない（外国投資企業会計検証法第23条）。会計検証機関は、30日以内に検証を終え、依頼者と該当機関に投資検証報告書を送付しなければならない（外国投資企業会計検証法第25条）。

(2) 決算検証

　企業は、半年・年間会計決算書に対する決算検証を受けなければならない（外国投資企業会計検証法第26条）。半年会計決算書の場合、半年が過ぎた翌月15日以内、年間会計決算書は会計年度が終わった翌年1月以内に決算検証を申し込む。新しく操業する企業は、営業許可証を取得した日から30日以内に操業前決算検証を受けなければならない。会計検証機関は、30日以内に検証を終え、報告書を作成し、依頼者と該当機関に送付しなければならない（外国投資企業会計検証法第28条）。

(3) 清算検証

　企業解散と関連して組織された清算委員会は、清算報告書を作成した後、企業の財産を清算する前に会計検証機関の清算検証を受けなければならない。破産する企業の場合、該当裁判所の依頼に基づいて清算検証を受ける（外国投資企業会計検証法第29条）。会計検証機関は、合意した期間内に検証を終え、検証報告書を作成し、依頼人と該当機関に送らなければならない（外国投資企業会計検証法第30条）。

(4) 送金検証

　企業は、外国投資者が利潤分配金、投資償還金、清算分配金を支出する場合、会計検証機関に送金検証を依頼しなければならない（外国投資企業会計検証法第34条）。この場合、送金検証依頼書には、会計決算書と契約書の写しを添付する。

(5) 固定財産変更検証

　企業は、固定財産を廃棄、譲渡、抵当する場合、会計検証機関に固定財産変更検証を依頼しなければならない（外国投資企業会計検証法第35条）。

03 外国投資企業及び外国人税金法

(1) 概観

　北朝鮮は原則として税金を賦課しない（社会主義憲法第25条）。しかし、北朝鮮内での経済取引を通じて所得を得た外国投資企業（外国投資銀行を含む）と外国人（海外同胞を含む）は、税金を納付しなければならない（外国人投資企業及び外国人税金法第1条）。ただし、北朝鮮が外国と締結した租税条約で別に定めた場合、その条約に従う（外国人投資企業及び外国人税金法第7条）。外国投資企業及び北朝鮮で滞在しながら所得を得た外国人は、定められた手続に基づき、該当税務機関に登録し、税務登録証の発給を受けなければならない（外国人投資企業及び外国人税金法第3条）。

　北朝鮮地域での南側当事者（機関、企業所、団体、法人、個人など）の税金納付は、該当法規に従う（北南経済協力法第20条）。一方、韓国と北朝鮮は、2000年に「南北間の所得に対する二重課税防止合意」（以下「二重課税防止合意」を締結したため、韓国の法人と個人が北朝鮮で履行すべき納税義務と関連しては、二重課税防止合意が優先的に適用される。

(2) 企業所得税

ア．課税対象

　外国投資企業は、北朝鮮での経営活動を通じて得た所得と、その他所得に対する企業所得税を納付しなければならない（外国人投資企業及び外国人税金法第8条）。企業所得税の課税対象は、企業活動所得とその他所得に区分され、それぞれ別の税率が適用される（外国人投資企業及び外国人税金法第9条）。

区分	課税対象
企業活動所得	生産物の販売所得、建設物の引渡所得、運賃及び料金所得など、企業活動から得た所得（他国の支社、事務所、代理店を設置して得た所得も課税対象に含む）
その他所得	利子所得、配当所得、固定財産賃貸所得、財産販売所得、知的所有権と技術秘訣の提供による所得、経営と関連するサービス提供による所得、贈与所得

イ. 税率

　企業活動所得に対する企業所得税率は、決算利潤（総収入から原価、取引税又は営業税などを控除した金額）の25%とし（外国人投資企業及び外国人税金法第10条）、その他所得の場合、所得額の20%の税率を適用する（外国人投資企業及び外国人税金法第11条）。下記のような場合には、企業所得税率に対する特恵が認められる（外国人投資企業及び外国人税金法第16条）。

- 特殊経済地帯に設立された外国投資企業の場合、14%の特恵税率が適用される。
- 先端技術部門、下部構造建設部門、科学研究部門のような奨励部門の場合、10%の特恵税率を適用する。
- 外国政府や国際金融機構が北朝鮮で借款を提供する場合、又は外国銀行が優待条件で北朝鮮企業に貸出する場合、その利子所得については、企業所得税を免除する。
- 奨励部門に投資し15年以上運営する企業の場合、企業所得税を3年間免除し、その後の2年間は50%範囲内で減免できる。
- 国家制限業種を除いた生産部門に投資して10年以上運営する企業の場合、企業所得税を2年間免除できる。
- 定められたサービス部門に投資して10年以上運営した企業については、企業所得税を1年間免除できる。
- 利潤を再投資して登録資本を増やしたり、又な新しい企業を設立して10年以上運営する企業の場合は再投資分に該当する企業所得税の50%を、奨励部門に投資する企業の場合は企業所得税全額を払戻しする。

Ⅷ. 外国投資企業の会計と税務　143

ウ. 課税年度

企業所得税の課税年度は、毎年1月1日から12月31日までとする（外国人投資企業及び外国人税金法第12条）。

エ. 納付

企業活動の所得に対する企業所得税は、四半期ごとに計算し、四半期が終わった月の翌月15日までに該当税務機関に予定納付しなければならない（外国人投資企業及び外国人税金法第13条）。四半期別の予定納付後、年間決算に基づいて企業所得税を最終確定し、追加納付又は過多納付した分は払戻しを受ける（外国人投資企業及び外国人税金法第14条）。

その他所得に対する企業所得税は、所得の発生日から15日以内に該当税務機関に対し、申告納付するか、又は支給者が控除納付しなければならない（外国人投資企業及び外国人税金法第15条）。

(3) 個人所得税

ア. 納税義務者

北朝鮮で長期間滞在したり、又は居住しながら所得を得た外国人は、個人所得税を納付しなければならない（外国人投資企業及び外国人税金法第20条）。北朝鮮で1年以上滞在したり、又は居住する外国人は、北朝鮮の外で得た所得についても、個人所得税を納付しなければならない。

イ. 課税対象所得及び税率

個人所得税の課税対象は、勤労所得、利子所得、配当所得、固定財産賃貸所得、財産販売所得、知的所有権と技術秘訣の提供による所得、経営と関連するサービス提供による所得、贈与所得とする（外国人投資企業及び外国人税金法第21条）。個人所得税の税率は、下記のとおりである（外国人投資企業及び外国人税金法第22条～第26条）。

所得の種類	適用税率
勤労所得	所得額により5〜30%税率
利子所得、配当所得、固定財産賃貸所得、知的所有権などの提供所得、経営関連のサービス所得	所得額の20%
財産販売所得	所得額の25%
贈与所得	所得額の2〜15%

ウ．申告納付

個人所得税の申告納付方法は、下記のとおりである（外国人投資企業及び外国人税金法第27条）。

- 勤労所得に対する個人所得税は、勤労所得を支給する者が勤労所得を支給する際に控除し、5日以内に納付するか、又は勤労者が勤労所得の支給を受けた後10日以内に納付する。
- 財産販売所得、贈与所得に対する個人所得税は、所得を得た日から30日以内に収益者が申告納付する。
- 利子所得、配当所得、固定財産賃貸所得、知的所有権と技術秘訣の提供による所得、経営と関連するサービス提供による所得に対する個人所得税は、四半期ごとに計算し、翌月10日以内に所得を支給する者が控除納付するか、又は所得者が申告納付する。

(4) 財産税

外国投資企業と外国人は、北朝鮮内に所有している登録建物、船舶、飛行機のような財産に対する財産税を納付しなければならない（外国人投資企業及び外国人税金法第28条及び第29条）。

財産税の課税対象額は、税務機関に登録された額で行い（外国人投資企業及び外国人税金法第31条）、財産税の税率は登録された財産額の1〜1.4%とする（外国人投資企業及び外国人税金法第32条）。

財産税は、毎年1月以内に財産所有者が該当税務機関に納付する（外国人投資企業及び外国人税金法第34条）。

(5) 相続税

北朝鮮内にある財産の相続を受けた外国人は、相続税を納付しなければならない（外国人投資企業及び外国人税金法第35条）。北朝鮮に居住している外国人は、北朝鮮の外にある財産の相続を受けた場合にも相続税を納付しなければならない。

相続税の課税対象は、相続を受けた財産から相続債務を差引いた金額とし（外国人投資企業及び外国人税金法第36条）、相続税の税率は、相続を受けた金額の6〜30%とする（外国人投資企業及び外国人税金法第38条）。

相続者は、相続を受けた日から3ヶ月以内に相続税を申告納付しなければならない（外国人投資企業及び外国人税金法第40条）。相続税額が定められた金額を超過する場合、分納も可能である。

(6) 取引税

生産部門と建設部門の外国投資企業は、生産物販売収入金と建設工事引渡収入に対して取引税を納付しなければならない（外国人投資企業及び外国人税金法第41条）。外国人投資企業が生産業とサービス業を一緒に行う場合、取引税と営業税を別々に計算する（外国人投資企業及び外国人税金法第44条）。

取引税の税率は、生産物販売額又は建設工事引渡収入額の1〜15%、嗜好品に対する取引税は生産物販売額の16〜50%とする（外国人投資企業及び外国人税金法第43条）。輸出商品に対しては、取引税を免除するが、輸出が制限される商品に関しては取引税を納付する（外国人投資企業及び外国人税金法第46条）。

取引税は、生産物販売額又は建設工事引渡収入金を収めるたび納付する（外国人投資企業及び外国人税金法第45条）。

(7) 営業税

サービス部門の外国投資企業は、交通運輸、通信、動力、商業、貿易、金融、保険、観光、広告、旅館、給養、娯楽、衛生便宜のようなサービス収益金に対して営業税を納付しなければならない（外国人投資企業及び外国人税金法第47条、

第48条）。

営業税の税率は、収入金の2～10%とし、特殊業種に対する税率は50%とすることができる（外国人投資企業及び外国人税金法第49条）。道路、鉄道、港湾、飛行場、汚水及び汚物処理のような下部構造部門に投資して運営される外国投資企業に対しては一定期間営業税を免除又は減免することができ、先端科学技術サービス業務に対しては一定期間営業税を50%範囲以内で減免できる（外国人投資企業及び外国人税金法第52条）。

営業税は、サービス収入を収めるたびに該当税務機関に納付する（外国人投資企業及び外国人税金法だ51条）。

(8) 資源税

外国人投資企業は、鉱物資源、山林資源、動植物資源、水産資源、水資源のような自然資源を輸出したり、販売又は自己消費を目的として資源を採取する場合、資源税を納付しなければならない（外国人投資企業及び外国人税金法第53条）。

資源税の課税対象は、輸出したり、又は販売でなされた収入金又は定められた価格とし（外国人投資企業及び外国人税金法第54条）、税率は内閣が定める（外国人投資企業及び外国人税金法第55条）。

原油や天然ガスなどのような資源を開発する企業に対しては5～10年間資源税を免税でき、資源をそのまま販売せず、現代化された技術工程に基づいて価値が高い加工製品を作って輸出したり、又は国家的措置として北朝鮮の機関、企業所、団体に販売した場合には、資源税を減免できる（外国人投資企業及び外国人税金法第58条）。

資源税は、輸出又は販売を通じて収入がなされたり、又は資源を消費するたびに、該当税務機関に納付する（外国人投資企業及び外国人税金法第57条）。

(9) 都市経営税

外国投資企業と北朝鮮内に居住する外国人は、都市経営税を納付しなければならない（外国人投資企業及び外国人税金法第59条）。

外国投資企業は、月別に従業員月給与総額の1%にあたる都市経営税を翌月10

Ⅷ. 外国投資企業の会計と税務　147

日までに納付する。居住外国人の場合、月別に月収入額の１％にあたる額を勤労所得支給者が控除納付するか、居住外国人が該当税務機関に翌月10日まで直接申告納付する（外国人投資企業及び外国人税金法第61条）。

(10) 自動車利用税

外国投資企業と外国人は、北朝鮮内に自動車（乗用車、バス、貨物自動車、特殊車、オートバイ）を所有する場合、所有した日から30日以内に該当税務機関に登録しなければならない（外国人投資企業及び外国人税金法第63条）。

また、自動車利用者は、中央税務指導機関が定める自動車類型別の自動車利用税を毎年2月以内に納付しなければならない（外国人投資企業及び外国人税金法第62条、第64条、第65条）。自動車を利用しない期間には、自動車利用税の免税を受けられる。

(11) 租税に対する指導統制

中央税務指導機関は、外国投資企業と外国人の脱税行為及び違法行為が発生しないよう、次のような監督統制を行う。

- 外国投資企業と外国人が納付期日以内まで税金を未納した場合、納付期日の翌日から納付していない税額に毎日0.3%の延滞料を賦課する（外国人投資企業及び外国人税金法第68条）。
- 正当な理由なく6ヶ月以上税金を納付しなかったり、又は罰金通知書を受けたのにもかかわらず1ヶ月以上罰金を納めない場合、該当税務機関の正常な調査事業に応じなかったり、又は必要な資料を提出しない場合には、営業を中止させることができる（外国人投資企業及び外国人税金法第69条）
- 故意的に脱税行為がなされた場合には、該当財産を没収する（外国人投資企業及び外国人税金法第70条）。
- 正当な理由なく、税務登録、財産登録、自動車登録を適時に行わない場合、税務文書を適時に提出しない場合、税務調査を故意的に妨害した場合、故意的に税金を納付しなかったり、又は少なく納付した場合と、財産又は所得を他へ回したり、又は隠した場合などに対しては、罰金を賦課す

る（外国人投資企業及び外国人税金法第71条）。

- 外国人投資企業及び外国人税金法に反し、厳重な結果を起こした場合には、情状に基づいて行政的又は刑事的責任を負う（外国人投資企業及び外国人税金法第72条）。

(12) 租税不服

外国人投資企業と外国人は、税金納付と関連して意見がある場合、中央税務指導機関と該当機関に請願を提起することができる。意見を受付けた機関は、受付日から30日以内に処理しなければならない（外国人投資企業及び外国人税金法第73条）。

(13) 南北間の二重課税防止合意

韓国の法人又は個人が北朝鮮で履行すべき納税義務と関連して、北朝鮮の法規と二重課税防止合意が衝突する場合、二重課税防止合意が優先的に適用される。二重課税防止合意の主要内容は、下記のとおりである。

区分	内容
居住者 判断基準	韓国と北朝鮮双方の居住者となる場合、個人は恒久的な住居地基準と経済的な利害関係の中心地基準を順次に適用して判断し、法人は実質的な管理場所があるところの居住者とする（二重課税防止合意書第2条及び第3条）。
配当所得源泉税率	配当金総額の10%（二重課税防止合意書第10条第2項）
利子所得源泉税率	利子総額の10%（二重課税防止合意書第11条第2項）
使用料所得源泉税率	使用料総額の10%（二重課税防止合意書第12条第2項）
株式譲渡所得 源泉税率	財産が主に不動産で構成された法人の株式を譲渡する際、北朝鮮での課税が可能。その他の株式譲渡所得は、北朝鮮で源泉税非課税（二重課税防止合意書第13条第2項及び第5項）。
その他所得	固定事業場又は固定施設がない以上、その他所得は居住地国でのみ課税（二重課税防止合意所第21条）

VIII. 外国投資企業の会計と税務　149

04 税関法

(1) 概観

　税関法（1983年10月14日採択、2012年4月3日修正、補充）は、税関登録と手続、検査、関税の賦課に関する法律である（税関法第1条）。税関法は、北朝鮮の国境を通過して物品と運送手段、国際郵便物を搬入又は搬出する機関、企業所、団体と公民に適用される。機関、企業所、団体と公民の範囲には、外国投資企業と北朝鮮に駐在する外国又は国際機構の代表機関、法人、外国人も含まれる。特殊経済地帯の税関手続は別途定める（税関法第10条）。

　北朝鮮の税関は、国境橋頭、国境鉄道駅、貿易港、国際航空駅、国際郵便物取扱場所に設置する（税関法第2条）。税関の任務は、下記のとおりである（税関法第3条）。

- 北朝鮮内に搬入又は搬出される物品、運送手段、国際郵便物その他物品の検査及び監督
- 北朝鮮内に出入又は出国する人の物品と携帯品の検査
- 関税と船舶トン税、税関料金の賦課及び徴収
- 保税地域、保税工場、保税倉庫、保税展示場と保税物資の搬出入の監督
- 関税免除物資と臨時搬出入物資の利用、処理の監督
- 搬出入禁止・統制品の入出、密輸、虚偽申告行為などの調査・取締
- 税関統計の作成
- その他国家が委任した事業

150　北朝鮮投資ガイド

(2) 税関登録及び手続

ア．税関登録

輸出入許可を受けた機関、企業所、団体は、税関登録を行わなければならず、税関登録を行わなければ、物資を搬出入できない（税関法第11条）。税関登録を行う機関、企業所、団体は、税関登録申請書と一緒に貿易会社営業許可証、企業創設承認書、銀行担保書、輸出基地登録証、税務登録証など必要な書類を該当税関に提出し、税関は関連資料を検討後、登録又は否決処理をしなければならない（税関法第12条）。

イ．税関手続

物資と紛争手段を北朝鮮に搬入又は搬出する機関、企業所、団体と公民は、義務的に税関手続を行わなければならない（税関法第13条）。税関手続は、該当物資が税関に到着する前に終結しなければならない（税関法第14条）。税関手続当事者は、原則として電子貿易手続体系を通し税関手続書類を提出するが、やむを得ない場合には、税関手続書類を税関に直接提出できる（税関法第15条）。

北朝鮮に入出国する公民は、国境橋頭、国境鉄道駅、貿易港、国際航空駅に到着したら、携帯品と貴金属、宝石、貨幣、有価証券、別に送った貨物などを税関に申告しなければならない（税関法第16条）。北朝鮮を経て外国に仲介輸送する物資に対する税関手続は、その物資を仲介、輸送する機関が行う。搬出入統制品は、該当機関の承認を受けることを前提に税関手続を行えるものとし、搬出入禁止品は北朝鮮を経て仲介、輸送できない（税関法第17条）。北朝鮮を経由して外国に行く運送手段は、税関手続を経なければならない。この場合、税関手続当事者は、運送手段に対する書類と運送物資明細書を税関に提出しなければならない（税関法第18条）。

Ⅷ. 外国投資企業の会計と税務　151

(3) 税関検査

ア. 税関の検査対象

税関は、北朝鮮内に搬入又は搬出する物資、国際郵便物、公民の携帯品と運送手段に対する検査を行う（税関法第20条）。ただし、党、国家、政府代表団成員、北朝鮮に駐在する外国又は国際機構代表機関の外交旅券所持者、その他に別途定めた公民の携帯品と物資、外交郵便物、外交信書物の場合、搬出入禁止品や搬出入統制品に該当しない以上、税関検査を行わない（税関法第21条）。武器、銃弾、爆発物、毒薬、劇薬、麻薬のような搬出入禁止品、該当機関の承認を受けていない搬出入統制品、国家貿易計画になかったり又は価格承認を受けていない物資は、北朝鮮での搬入又は搬出が統制される（税関法第22条）。

イ. 税関の検査場所

税関検査は、国境橋頭、国境鉄道駅、貿易港、国際航空駅、国際郵便物取扱場所とその他に定められた場所で行う。公民の荷物と携帯品に対する税関検査は、列車や船のような運送手段内においても行うことができる（税関法第23条）。

ウ. 税関検査に関する注意事項

税関検査と関連して下記事項に注意しなければならない。

- 間違いにより搬入した外国物資や国際郵便物、所有者のない物資は、税関の承認を得た場合のみ処理できる（税関法第32条）。
- 税関の管轄物資及び運送手段の移動、物資の包装、再包装、選別作業などを行う場合、税関の承認を受けなければならない（税関法第34条）。
- 税関の管轄物資を移動、保管、管理する者は、包装が損傷したり、又はその他の事故が発生した場合は直ちに申告しなければならない（税関法第35条）。
- 機関、企業所、団体と公民は、北朝鮮内に搬入又は搬出する手紙や印刷物の中に物を入れてはならず、小包の中にも手紙、貨幣、有価証券、貴金属、宝石などを入れてはならない。国際郵便物を利用して搬出入禁止品と

搬出入統制品を搬出入する行為、営業を目的として物品を搬出入する行為
は禁じられる（税関法第36条）。

- 北朝鮮の国境を出入する公民は、事業と生活に必要な物品と記念品を携帯
できる（税関法第37条）。
- 引越荷物と相続財産は、北朝鮮内に搬出入できる。ただし、搬出入禁止品
は搬出入ができず、搬出入統制品は該当機関の承認を受けない限り搬入で
きない（税関法第38条）。

(4) 関税、船舶トン税、税関料金

ア．納付義務

税関は、関税、船舶トン税、税関料金を賦課し、該当機関、企業所、団体と公
民は、関税、船舶トン税、税関料金を義務的に納付しなければならない（税関法
第39条）。機関、企業所、団体は、関税納付計算書に基づいて、公民は、関税納
付通知書に基づいて関税を納付する（税関法第46条）。外国船舶代理機関は、北
朝鮮港を出入する①外国船舶、②外国国籍を有する北朝鮮所有の船舶、③北朝鮮
国籍を有する外国所有の船舶に対する船舶トン税を納付しなければならない（税
関法第60条）。機関、企業所、団体と公民は、管轄機関が定めた税関検査料、税
関貨物保管料、税関料金を納付しなければならない（税関法第61条）。関税と税
関料金は、国家が定めた貨幣で納付する（税関法第45条）。

イ．関税の賦課対象

関税の賦課対象は、非常設関税審議委員会で決定し、公布は内閣で行う（税関
法第42条）。関税境界線を通過して搬出入した後に使用及び消費される物品に対
しても関税を賦課する。

ウ．関税の税率及び計算

関税率は、非常設関税審議委員会で決定し、公布は内閣で行う（税関法第42
条）。関税は、該当物資の価格と国境を通過する当時の関税率に基づいて計算さ
れる（税関法第41条）。関税を賦課する基準価格は、輸入品は国境到着価格、輸
出品は国境引渡価格、国際郵便物と公民が搬出入する物品は小売価格とする（税

VIII. 外国投資企業の会計と税務　153

関法第40条）。北朝鮮と外国との間に締結した条約に関税特恵条項がある場合、該当条約上の関税率を適用し、関税特恵条項がない場合、基本関税率を適用する（税関法第43条）。関税率が定められていない物資の場合、それと類似する物資の関税率を適用する（税関法第44条）。

エ. 関税の納付

税関は、関税納付計算書又は関税納付通知書を発給し、機関、企業所、団体、公民は、税関から受け取った関税納付計算書又は関税納付通知書に基づいて関税を納付する（税関法第46条）。物資を輸出入する機関、企業所、団体は、該当物資が搬出入される前に関税を納付しなければならない（税関法第47条）。

オ. 関税の免除

下記の物資については、関税を賦課しない（税関法第49条）。

- 国家的措置に基づいて搬入する物資
- 外国又は国際機構、非政府機構で北朝鮮政府又は該当機関に無償で寄贈したり、又は支援する物資
- 外交旅券を有する公民、北朝鮮に駐在する外国又は国際機構の代表機関やその成員が利用したり、又は消費する目的で定められた基準の範囲内で搬入する事務用品、設備、備品、運送手段、食料品
- 外国投資企業が生産と経営のために搬入する物資、生産して輸出する物資、無関税商店物資
- 加工貿易、仲介貿易、再輸出などの目的で搬出入する保税物資
- 国際商品展覧会や展示会などの目的で臨時搬出入する保税物資
- 外国と締結した条約に基づいて関税を賦課しない物資
- 引越荷物と相続財産
- 定められた基準を超過しない公民の物品、国際郵便物

ただし、下記の場合には、免除対象に該当しないため、該当機関、企業所、団体と公民は税関に申告して関税を納付しなければならない（税関法第50条、第51条）。

154　北朝鮮投資ガイド

- 外国投資企業が生産と経営のために搬入した物資と、生産した製品を北朝鮮内で販売する場合
- 無関税商店物資の用途に合わない販売を行う場合
- 加工、仲介、再輸出のような目的で搬入した保税物資を北朝鮮内で販売したり、又は定められた期間内に搬出しない場合
- 国際商品展覧会や展示会のような目的で臨時搬入した物資を北朝鮮内で使用又は消費する場合
- 該当代表団成員と外交旅券を有する公民、北朝鮮内に駐在する外国又は国際機構の代表機関やその成員が定められた基準を超過して物資を搬入又は搬出する場合
- 国際郵便物又は公民の物品が定められた基準を超過する場合

カ. 関税の追加賦課と返還

　税関は、関税を未賦課又は過少賦課した場合、該当物資を通過させた日から3年以内に関税を追加賦課できる（税関法第52条）。内閣は、重要工業部門と国家の資源を保護する必要がある場合、一定期間の間、特別保護関税、反投売（反ダンピング）関税、報復関税などを負荷する措置を取ることができる（税関法第59条）。

　一方、①国家的措置により該当物資の搬出入が中止された場合、②輸出入物資が不可避な事由により、輸送途中に全部又は一部が使用できなくなった場合、③関税の賦課又は計算を間違えて関税を超過納付した場合には、関税の全部又は一部を返還する（税関法第53条）。関税納付当事者は、関税の返還事由がある場合、関税を納付した日から1年以内に該当関税の返還を税関に要求でき、税関は返還申請を受けた日から30日以内に処理しなければならない（税関法第54条）。

キ. 保税区域

　内閣は、対外経済交流を発展させるために保税地域、保税工場、保税倉庫、保税展示場を設立及び運営する（税関法第55条）。保税期間は、保税工場と保税倉庫は2年、保税展示場は税関が定めた期間とし、保税期間の間は保税物資に対する関税を賦課しない（税関法第56条）。保税期間を延長しようとする者は、保税期間の終了10日前に、保税期間延長申請書を税関に提出しなければならず、該当

税関は6ヶ月以内の範囲で保税期間を延長できる（税関法第57条）。

　保税物資を加工、包装、組立するために保税地域の外に搬出する者は、関税額に相当する担保物又は担保金を税関に提供しなければならない（税関法だ58条）。税関は、保税物資が定められた期間内に搬入されない場合、担保物又は担保金を返還する代わりに関税として処理できる（税関法第58条）。

(5) 税関事業に対する指導統制

　関税、船舶トン税、税関料金を定められた期日内に納付しない場合、税関は、延滞料を賦課できる（税関法第69条）。物資、運送手段、国際郵便物、携帯品を不法的に北朝鮮内に搬入又は搬出する場合、抑留、没収、罰金、業務活動中止などの処罰ができる（税関法第70条）。税関法を重大に違反した機関、企業所、団体の職員と個別の公民に対しては、違反程度に基づいて行政的又は刑事的責任を負担させる（税関法第71条）。

　税関事業と関連して意見がある場合、中央税関指導機関又は該当機関に請願を提起できる。この場合、該当機関は、意見を受付けた日から30日以内に処理しなければならない（税関法第72条）。

北朝鮮の資源開発法制と実務 IX

01. 北朝鮮の地下資源開発政策の概要

02. 北朝鮮地下資源法の概要

03. 地下資源開発権と投資契約事例

04. 韓国企業の北朝鮮地下資源開発投資に関する留意事項及び考
　　慮事項

北朝鮮投資ガイド

01 北朝鮮の地下資源開発政策の概要

(1) 北朝鮮の地下資源現況

　北朝鮮は、各種地下資源が豊富に埋蔵されていることで知られている。世界10位圏内の埋蔵量を有する鉱物が8種もある。例えば、金の埋蔵量は世界7位であり、鉄鉱石は世界10位、亜鉛は5位、重石は4位、希土類は6位、マグネサイトは3位、黒鉛は4位に上るものとして知られている。

　ただし、埋蔵量や生産能力に比べ、生産量はとても低い水準に留まっている。生産能力に対する稼動率は、石炭の場合は44.2%に過ぎず、鉄鉱石の場合にも37.7%に過ぎない。このような生産不振の原因は、主に鉱山装備の老朽化と電力難に起因するものとして分析されている。

(2) 北朝鮮の地下資源開発政策と組織

　2016年7次党大会事業総和報告では、特にC1化学工業の主体化水準を高め、原油、マグネサイト、希土類鉱物をはじめ、重要資源を積極的に開発するようことが明らかにされた。2016年、金正恩委員長が全国地質探査部門人員（イルクン）熱誠者会議の参加者に送った書信には、自立的な経済発展に必要な原料や燃料を、国内資源で保障することを特別に強調した。

　現在まで把握されたところによると、北朝鮮の地下資源開発は、探査と探査結果に対する開発権の承認、承認された開発権に基づいた鉱山運営に区分できる。各段階別に権限を保有する北朝鮮の政府組織は、下記表のとおりである。

IX. 北朝鮮の資源開発法制と実務　159

区分	内容	管轄政府機関
探査計画	探査計画の作業	市/郡探査隊
	探査計画の検討	道探査管理局
	探査計画の最終検討	国家資源開発省
	探査計画の承認	国家計画委員会
探査作業	探査の実施	市/郡探査隊
登録及び承認	埋蔵量算出基準の指定[142]、埋蔵量の登録、開発権の承認	資源開発審議委員会
鉱山運営の監督	鉱山運営 (鉄、マグネサイトを除いた金属及び非金属)	採取工業省
	鉱山運営 (鉄、マグネサイト)	金属工業省
	鉱山運営 (石炭)	石炭工業省

　探査と探査結果に基づく埋蔵量の評価、これに基づく開発権の発給（承認）、開発権に基づく鉱山運営に対する管理監督の権限はそれぞれ別個の政府組織に属しており、民間や外国人投資家による鉱山開発投資は、連続性の保障を得ることが難しい構造になっている。

(3) 北朝鮮地下資源開発に対する外国人投資と開発権

　北朝鮮に投資する上位10大外国企業のうち、鉱業に投資した業者が4社に至っている。最大規模の外国人投資も、北朝鮮茂山の鉄鉱石鉱山に米貨8億6,300万ドルを投資した中国の延辺天池産業貿易株式会社によるものであると知られている。

　北朝鮮の地下資源は、全て国家が所有しているが、開発（採掘）権は、機関や企業所、団体に対して発給するのが可能である。外国人投資家が出資した合営会社や合作会社も地下資源開発（採掘）権の発給を受けられる。ただし、地下資源

---

142)埋蔵量の算定と関連して、北朝鮮は、韓国とは違うロシア式の方式を借用しており、確保埋蔵量A、B、C1、展望埋蔵量C2、C3、P1、P2に区分している。

開発（採掘）権は、承認された範囲内で指定鉱物を採掘できる権利を付与するものに過ぎず、収用や徴収などに対する損失補償が明文化されているわけでもないので、その権利はとても不安定である。

　特に、外国人投資家の立場から見ると、北朝鮮の地下資源開発投資は、北朝鮮政府を契約の相手方として譲許契約（Concession　Agreement）や生産物分配契約（Production Sharing Agreement）を締結する方式ではなく、開発（採掘）権を保有する北朝鮮の企業所や団体、北朝鮮の政府機関に投資するか、合作又は合営企業として開発（採掘）権を保有する方式を取るほかなく、開発（採掘）権制度の不安定性と脆弱性を回避する方法を探すことは難しい。

　参考として、韓国と北朝鮮、中国、インドネシア、ロシアの鉱権制度を比較すると、次の表のとおりである。

区分	韓国	北朝鮮	中国	ロシア	インドネシア
所有者		国家	国家	国家	国民
鉱権の種類	探査権、採掘権	開発（採掘）権	探鉱権、採鉱権	探査権、開発権、採掘権	探査権、開発権
鉱権保有適格	個人又は企業	機関や企業所、団体	鉱山企業	個人又は企業	個人又は企業
譲受・譲渡	可能	原則的に不可	可能（条件付）	可能（条件付）	可能
鉱権存続期間	20年（探査権7年）	1年	30年（探査権3年）	20年（探査権5年）	40年（探査権7〜8年）
外国人投資許容	相互主義	可能（許可）	可能（鉱種一部を除く）	可能（許可）	可能（鉱種一部を除く）

IX. 北朝鮮の資源開発法制と実務　161

02　北朝鮮地下資源法の概要

(1) 北朝鮮地下資源法の構成と体系

　北朝鮮地下資源法は、1993年4月8日に制定され、その後、6回に渡り改正された。直近の改正は、2013年2月21日に最高人民会議常任委員会政令第2979号によりなされた。

　北朝鮮地下資源法は、計5章51個条で構成されている。第1章は、8個条で構成されている。地下資源が国家所有であることを規定し、地下資源の開発原則、合理的な利用の原則、保護原則、指導と統制原則、国際交流と協力に関する内容を盛り込んでいる。

　第2章は、10個条で構成されており、地下資源探査の基本要件、探査計画の作成、探査の分類、探査設計、探査速度、埋蔵量の計算と審議、埋蔵量の登録、埋蔵量の実査について規定している。

　第3章は、15個条で構成されており、地下資源開発の基本要件、開発承認、土地利用の許可と位置の指定、開発技術課題と基礎設計の作成、承認、設計による開発、開発技術指標計画、採掘の合理的な組織、採掘できない地下資源の登録、廃鉱と廃坑、事故及び自然被害の防止、埋蔵量の変動定型登録、地熱、地下水、鉱泉資源の開発、生活環境の保存、開発予見区域の建設合意、稀な鉱物などの保護について規定している。

　第4章は、地下資源の利用に関する9個条で構成され、利用率向上の原則、損失防止、収穫率基準の保障、加工処理の原則、輸出承認、指定用途の利用などについて規定している。

　第5章は、地下資源の探査、開発、利用に対する指導統制に関する8個条で構成されている。非常設資源開発審議委員会による地下資源保護管理事業の指導、承認のない地下資源開発及び輸出に対する制裁、収穫率基準未達に関する損害賠償

162　北朝鮮投資ガイド

などについて規定している。

(2) 地下資源法の主要内容

ア. 地下資源法の適用範囲

　北朝鮮の地下資源法上、地下資源は、金属、非金属、可燃性鉱物資源と地熱、地下水、鉱泉資源（温泉）として定義され、国家が唯一の所有権者である（第2条）。

イ. 地下資源開発の原則など

　北朝鮮地下資源法は、地下資源開発に対する投資集中、効果的かつ合理的利用の原則、保護原則、指導と統制原則のほか、世界の様々な国との交流や協調発展の原則を明らかにしている（第4条ないし第8条）。宣言的な意味を持つものではあるが、世界の様々な国との交流・協調原則を明らかにした部分は、地下資源分野に対する外国人投資を許容する基本原則として受け入れられる点において意義がある。

ウ. 地下資源探査の手続と方法

　北朝鮮地下資源法によると、探査は、現行探査と展望探査に区分されるが、国家計画機関が作成した探査計画に基づいて地下資源探査機関と企業所が探査設計を作成し、該当上位機関の合意と中央地下資源開発指導機関の承認を得て遂行する（第10条ないし第13条）。探査承認の手続に関しては、規定を置いていない。

　地下資源埋蔵量の計算基準は、非常設資源開発審議委員会が定め、地下資源探査機関と企業所は探査資料に基づいて計算した地下資源埋蔵量を非常設資源開発審議委員会の審議及び承認を得て登録する（第15条ないし第17条）。承認された地下資源埋蔵量は、級数ごとの区分に基づいて非常設資源開発審議委員会と中央地下資源開発指導機関、該当探査機関と企業所に登録する。非常設資源開発審議委員会に登録されない地下資源埋蔵量は、開発設計の対象にならない（第17条）。

　埋蔵量の変動状況を適時に反映するため、中央地下資源開発指導機関と該当中央機関は埋蔵量の定期実査を遂行する（第18条）。

IX. 北朝鮮の資源開発法制と実務　163

エ. 地下資源開発の手続と方法

　地下資源開発は、非常設資源開発審議委員会の承認を通してのみ可能である。地下資源を開発する機関、企業所、団体は、中央地下資源開発指導機関を通して非常設資源開発審議委員会に開発申請書を提出しなければならなく、非常設資源開発審議委員会は、地下資源開発の目的と規模、埋蔵量、品位などを考慮し、開発承認書を発給する（第20条）。ただし、輸出を目的とする地下資源開発の承認は、特別の事情がある場合に限り許容する（第20条）。

　地下資源開発の承認書が発給された場合、国土環境保護機関と農業指導機関が承認書に明示された山地や農地を土地利用許可計画に基づいて利用できるよう保障し、位置を指定する（第21条）。

　地下資源開発の承認書が発給された場合でも、地下資源の開発は地下資源開発技術課題と技術設計に基づいて行われなければならない（第23条）。地下資源開発技術課題と技術設計は、該当設計機関、承認を受けた地下資源開発機関、企業所、団体が遂行し、技術課題は国家計画機関が、技術設計は国家建設監督機関が承認する（第22条）。承認を受けた地下資源開発機関、企業所、団体は、採取率、選鉱収穫率計画のような地下資源開発技術指標計画を立てなければならず（第24条）、採掘基準と地下資源埋蔵量計算基準となる鉱物を全部採掘しなければならない（第25条）。採掘基準に及ばなかったり、採掘が難しい資源は、確認して登録しなければならなく（第26条）、採掘条件が良かったり、又は品位が良い鉱物だけを選別し、採掘してはならない（第25条）。

　廃鉱や廃坑も非常設資源開発審議委員会の承認を受けなければならない（第27条）。また、登録された埋蔵量が減少し、変更登録を行う場合にも、非常設資源開発審議委員会の承認を受けなければならない（第29条）。

　地下資源開発の予定区域で相当規模の敷地の建設を行う機関や企業所、団体は、中央地下資源開発指導機関から合意を受けなければならない（第32条）。地下資源開発承認を受けた機関や企業所、団体は、生活環境と生態環境を破壊する行為を行ってはならなく（第31条）、新しい地下資源や地質現象、稀な鉱物、化石を発見した時には、保護対策を立て、該当機関に知らせなければならない（第33条）。

オ. 地下資源利用の手続と方法

　機関や団体、企業者でない個人は、地下資源を採取したり、又は製錬・製鉄する行為が禁止される（第34条）。地下資源開発の承認を受けた機関や企業所、団体は、鉱物資源の損失が発生しないように運送施設や倉庫などの施設を設置し、管理しなければならなく、生産された鉱物を他の機関や企業所、団体又は個人に任意に譲渡できない（第35条）。

　地下資源開発の承認を受けた機関や企業所、団体は、鉱物資源の加工工程において技術規定と標準操作法を遵守しなければならなく、定められた収穫率基準を保障しなければならない（第37条）。収穫率を保障できない作業は禁止され、生産技術工程で有価成分を回収できない場合には、捨てずに貯蔵する義務を負担する（第38条）。

　地下資源は、非常設資源開発審議委員会の承認を得ずには輸出できない（第40条）。地下資源は、国家が定めた用途においてのみ利用しなければならない（第41条）。

カ. 地下資源の探査、開発、利用に対する指導統制

　地下資源の探査、開発、利用に対する指導は、内閣の指導のもとで中央地下資源開発機関と該当中央機関が行い（第43条）、監督統制は、地下資源監督機関と該当監督統制機関が行う（第48条）。地下資源保護管理事業に対する指導は、非常設資源開発審議委員会が統一的に遂行する（第44条）。

　国家計画機関、労働行政機関、資材供給機関、財政銀行機関は、地下資源探査や開発に必要な労働力、設備、資材、資金を優先的に保障し、これらを他の用途に流用することはできない（第46条）。

　承認なしで地下資源を開発したり、輸出したり、又は承認書の条件に違反した場合には、開発や輸出の中止、承認の取消、非法的に採取した地下資源と利用設備の没収、罰金賦課などの措置をとる（第49条）。地下資源探査と採掘を任意に行ったり、収穫率基準を保障できなかったり、又は埋蔵量に関する規定を違反して地下資源と資金を損失、浪費した場合には、損害を補償しなければならなく（第50条）、関連法規を違反して重大な結果を発生させた機関、企業所、団体の責任者と個人は、行政的又は刑事的責任を負担する（第51条）。

Ⅸ. 北朝鮮の資源開発法制と実務　165

(3) 北朝鮮の地下資源開発承認書の記載事項と主要内容

ア. 北朝鮮の地下資源開発承認書の記載事項

北朝鮮地下資源法第20条に基づいて地下資源開発承認を受けた企業や団体、機関は、地下資源開発承認書の発給を受ける。地下資源開発承認書には、承認事項と遵守事項が明示される。承認事項として鉱区の位置と面積、鉱種、承認を受けた機関の名称、開発目的、開発期間、開発区域、開発規模などが記載され、遵守事項として開発承認を受けられる資格、登録及び開発の着手義務、土地使用許可の取得義務、譲渡制限、使用期間制限などを含む事項が記載される。

イ. 遵守事項の概要

(ア) 地下資源の所有権者と開発権者

地下資源は国家が所有し、個人は地下資源開発に関する承認を取得する資格を持たない。地下資源の国家所有は、北朝鮮以外の体制転換国でもよく原則として明示している事項であり、地下資源の開発や生産、輸出に関する免許を取得した場合でも、該当鉱区又は該当鉱区から開発される鉱物などに対する永久的な権利を保有するのではなく、免許の維持条件を違反したら、いつでも該当免許が剥奪されることを意味する。北朝鮮の場合、地下資源開発承認書において、個人は地下資源開発に関する承認を受けられないことを明示しているため、外国人個人はもちろん、北朝鮮国籍を保有する個人（事業者を含む）は、地下資源開発（採掘）権の取得が禁止されると見られる。

(イ) 登録義務及び開発着手義務

地下資源開発の承認を受けた者は、承認を受けた日から1ヶ月以内に登録し、6ヶ月以内に開発に着手する義務を負担する（遵守事項2.参照）。期間に違反した場合、事由に関係なく承認を取消し、承認書を回収する。

地下資源法第49条は、承認書の条件を違反した場合、開発や輸出の中止、承認の取消、非法的に採取した地下資源と利用設備の没収、又は罰金を賦課するように定めている。承認書が定めた登録及び開発着手の義務を期限内に履行しない時には、地下資源法第49条が適用され、承認取消以外にも地下資源と利用設備の没

収、罰金賦課の事由となる。

これは、地下資源開発に関して鉱権（ライセンス）制度を採択している国家でよく見られる構造である。地下資源開発に対する承認申請書を提出する時、開発計画を一緒に提出させ、開発計画による履行をしなかったり、又は承認条件を遵守しない時には、如何なる補償もなく承認を取消すことにより、権利を剥奪し、環境保全などの義務は維持させるものである。

ただし、承認取消の遡及効及びその範囲については、その解釈をめぐって争いがある。北朝鮮地下資源法や地下資源開発承認書の一般的な遵守事項の記載に照らし、承認が取消されたとしても承認取消の前に生産又は処分された鉱物の収益を遡及的に没収する権限まで当然に発生するとは見られないというのが一般的な解釈である。

(ウ) 土地使用許可の取得義務

地下資源開発の承認を受けた者は、承認を受けた日から3ヶ月以内に鉱山開発設計に関する国土開発承認及び土地使用許可を取得しなければならない。期間内に必要な承認や許可を取得できなかった場合、承認書取消の事由となる（遵守事項3.参照）。土地使用許可の取得義務も地下資源法第49条の適用対象である。ただし、遵守事項2.項とは違って、3.項は承認書を取消すと定めるのに留まっており、取消の効力が及ぶ範囲については、具体的な判断が容易ではない。事案ごとに判断が異なる可能性があり、北朝鮮の法体系上、これに対する不服や訴訟による救済は、容易でないものとして予想される。

(エ) 譲渡制限

非常設資源開発審議委員会の承認なしで地下資源開発承認書を他の機関及び企業所に譲渡できず、地下資源開発承認書を他の機関や企業所から譲り受けることも許容されない。承認なしで地下資源開発承認書の全部又は一部を譲渡する際、所属に関係なく違反による責任を負担する（遵守事項4.参照）。

地下資源開発に対して鉱権（ライセンス）制度を採っている殆どの体制転換国では、鉱権譲渡に対する許可制度を置いている。北朝鮮地下資源法は、承認なしの譲渡を禁止する規定を置いているだけであり、開発（採掘）権の譲渡・譲受の承認手続及び承認機関に対して明示的な規定を置いていない。地下資源開発承認書の遵守事項として、承認機関が非常設資源開発審議委員会であり、事前承認が

Ⅸ. 北朝鮮の資源開発法制と実務　167

必要であることが明示されているが、譲渡承認の具体的な手続や要件、承認基準に対して具体的に言及しているものではない。

承認書は、国家の許可なく外国に譲渡できない（遵守事項8.参照）。これは、地下資源の輸出を目的とする地下資源開発を原則的に禁止する地下資源法第20条と共に、地下資源に対する外国人投資を実質的に制限する規定として理解される。地下資源の北朝鮮域外搬出が制限される場合、外国人投資家としては、地下資源開発に 投資する実益がないといえよう。

(オ) 使用期間の制限

地下資源開発承認書の使用期間は1年とし、開発期間経過後3ヶ月が過ぎた後まで開発延長を行わない機関や企業所は採掘をしないものとみなし、別途合意を経ずに取り消しする（遵守事項7.参照）。遵守事項の中で最も解釈が難しく、紛争の余地が多い部分である。

承認書の使用期間が1年であるからとして、1年単位で新規承認手続と同様の手続を経て再び承認を受けなければならないことを意味するわけではない。1年単位で開発期間の延長が可能であると理解されるが、開発期間の延長に関する承認又は許可の基準は何か、延長承認や許可は承認書を再発給する方式でなされるのか、それとも開発計画や設計に基づいて実際開発がなされているかにつき実査や審議などを経るのか、について実務がどのように行われているのか確認するのは、今のところ難しい。

遵守事項に承認書の使用期間が1年であると明示されている以上、地下資源開発に関する承認を受けたり、又は地下資源開発に関する承認を受けた機関や企業所の持分に投資したとしても、非常設資源開発審議委員会、又はその他地下資源開発の承認業務を管轄する北朝鮮政府機関が開発期間の延長を許可しない場合には、開発（採掘）権を喪失することになり、投資金を回収しにくくなる可能性がある。即ち、地下資源開発の承認権を保有する北朝鮮の企業所や団体、機関と該当地下資源（鉱物）に関する長期供給契約を締結したり、又は該当企業所や団体、機関に持分投資を行ったとしても、該当企業所や団体、機関が開発期間の延長を受けられずに地下資源開発の承認権を喪失する時には、投資目的を達成できなくなることは明白である。しかし、該当企業所や団体、機関に契約不履行や投資損失に対する責任を問うことも難しくなる可能性がある。

03 地下資源開発権と投資契約事例

(1) 北朝鮮地下資源開発権と投資事例1-鄭村黒鉛鉱山

2010年まで韓国企業が北朝鮮内鉱山に投資する事例は、15件程度があると把握される。地下資源（鉱物）に対する南北経協の最初の事例は、2002年に調査及び交渉が開始された黄海南道延安郡鄭村の黒鉛鉱山である。

鄭村黒鉛鉱山は、海州と開城の中間地域に位置する埋蔵量625万トンの露天鉱山である。鉄道駅と海州港が遠くないため、開発環境は悪くないが、電力供給が円滑でないので、開発自体に困難があったとされる。韓国側と北朝鮮側がそれぞれ米貨500万ドルを現金又は現物出資して合作会社を設立し、北朝鮮側は土地、電力、用水、鉱山建設の労働力などを、韓国側は鉱山装備などをそれぞれ合作会社に現物で投資した。投資持分に相応する生産物分配方式で投資金の回収が予定されていた。

鄭村黒鉛鉱山事業は、韓国鉱物資源公社と北朝鮮のサムチョンリ会社間の合作事業である。サムチョンリ会社は当初、投資契約方式を選好したが、韓国鉱物資源公社の提案を受け入れ、合作契約が締結された。合作会社の存続期間は20年、韓国鉱物資源公社が投資した各種装備の瑕疵担保期間は1年、韓国鉱物資源公社の投資費に対する償還期間は15年に定められた。

投資費償還の算定基準と関連し、現物で償還する項目として、韓国鉱物資源公社は投資費、金融費用、販売費、運搬費を主張し、サムチョンリ会社は、投資費の元金のみを計上することを主張したが、協議の結果、運搬費は各自が負担し、金融費（借入利率）と販売費は現物で償還する項目に含めることに決定した。紛争の解決は、北朝鮮合作法に基づいて相互協議による解決するほか、南北商事紛争に関する合意書によることが合意された。また、合作会社の財政及び簿記体系と関連し、北朝鮮法律と国際財政及び簿記体系の導入が全て明示された。

Ⅸ. 北朝鮮の資源開発法制と実務　169

2007年に550トン、2009年に300トンが搬入されるなど、3回に渡り、韓国鉱物資源公社が投資金を回収するため黒鉛の搬出・搬入がなされたが、2010年5.24措置により事業が中断された。

(2) 投資事例2-徳賢鉄鋼山

北朝鮮平安北道義州郡徳賢労働地区徳賢にある徳賢鉄鋼山に、中外合資経営企業が運搬及び採鉱装備を投資し、生産された鉄鉱石で投資金を回収することを主な内容とする事業である。徳賢鉄鋼山に投資する中外合資企業は、韓国企業と朝鮮族企業が共同で投資して設立したものである。投資規模は米貨100万ドルであり、3年間、北朝鮮の鉄鉱石14万4千トンの分配を受け、中国及び韓国企業に販売することにより投資金を回収する計画が議論された。

2005年に中外合資企業を設立するため、合資投資契約が締結された。韓国投資家は、鉱業資金貸付契約を締結し、2006年に合資投資契約による資本金納入も完了したが、北朝鮮の徳賢鉄鋼山に対する投資がなされないまま、該当事業は中断及び終了された。

徳賢鉄鋼山に対する中外合資企業の投資と関連し、中外合資企業に投資した中国（朝鮮族）投資家と北朝鮮の朝鮮総合設備輸入会社との間で2004年末に合意書が締結され、この合意書に基づいて徳賢鉱山投資契約と輸出契約がそれぞれ締結された。

輸出契約は、契約当事者、商品名、品質及び規格、数量、輸出単価、包装方法、商品検査、譲渡条件、不可抗力、補償請求、準拠法、紛争解決に関する事項を含んでいる。特に、代金の支給に関しては、輸出代金の50%は投資費の償還に、残り50%は現金又は北朝鮮側が提示した物資を購入し、供給する費用に充当することが定められた。準拠法を国際商業会議所の解釈で、紛争解決は北朝鮮の仲裁機関を通じて行うことに定めた点にも注目したい。

投資契約は、投資当事者、投資対象、投資項目、投資期間、品質及び規格、数量、投資装備及び資材単価、包装及び標識、投資償還、投資資材及び装備検査、瑕疵補修、不可抗力、補償請求、準拠法、紛争解決条項で構成されるが、投資期間は7ヶ月、投資項目は20万トン生産に必要な設備と資材で定められた点などが留意に値する。

中国（朝鮮族）投資者と北朝鮮の朝鮮総合設備輸入会社との間で交わせられた

合意書、投資契約及び輸出契約に基づき、韓国企業は中国（朝鮮族）投資家と合意書及び合資投資契約を締結した。中国投資家は、徳賢鉱山、雯時鉱山、茂山鉱山に対する開発権、土地使用権、事業権を現物で出資し、中外合資企業の持分40%の保障を受け、韓国企業及び個人は、資本金及び投資金を現金納入することにしたが、中外合資企業の設立後、北朝鮮徳賢鉄鋼山に対する実質的な投資協議に至らないまま、出資者間の紛争により該当事業は中断された。

(3) 投資検討事例3-端川地域の検徳亜鉛鉱山及び大興マグネサイト鉱山

2007年、南北の軽工業原資材提供及び支援に対する対価として、韓国側が端川地域の2つの鉱山に関する開発の保障を受けたことがある。投資は実現されなかったが、事業範囲と対価支給方式に関する南北間の基本合意がなされ、現地調査と事業妥当性評価を完了した状態で進行が中断された。事業内容は、韓国側が鉱山対象地域の社会基盤施設を改修・補修し、その対価として2つの鉱山から生産される鉱物の50%を韓国に搬出・搬入することである。

2007年の事業妥当性評価当時、鉱山の増産施設、電力及び鉄道など社会基盤施設の改修・補修に関する投資所要額は2.4億ドル、投資期間は3年として推算された。

IX. 北朝鮮の資源開発法制と実務　171

04 韓国企業の北朝鮮地下資源開発投資に関する留意事項及び考慮事項

(1) 対北朝鮮地下資源開発の投資支援に関する法規

ア．南北交流協力に関する法律と南北協力基金法

　南北交流協力に関する法律（以下「南北交流協力法」）は、韓国と北朝鮮の往来、接触、交易、協力事業及び通信、役務の提供などに対し、他の法律に優先して適用される。北朝鮮に所在する地下資源の北朝鮮域外への搬出や搬入、地下資源開発に対する投資なども南北交流協力法の適用対象である。

　北朝鮮所在の地下資源の搬出や搬入、地下資源開発に対する投資などは、民族内部での取引であり、統一部長官の事前承認を得なければならない。また、主要事項の変更がある時は、変更承認を得なければならない（南北交流協力法第13条及び第17条）。

　南北交流協力法は、交流・協力のための事業を施行する者に対する補助金の支給、その他支援について規定している（第24条）。地下資源開発に対する投資や、地下資源の搬出などを含む南北間協力事業に対する資金の支援は、南北協力基金法に基づいて設置された南北協力基金を通じてなされる。

　南北協力基金法第8条は、基金の用途について明示しており、地下資源開発に対する投資や地下資源の搬出事業は、「交易及び経済分野の協力事業を促進するための保証及び資金の融資、その他に必要な支援」（第8条第3号）や「経営外的な事由により発生する損失を補償するための保険」（第8条第4号）に該当する。南北協力基金の運用管理規定は、基金の用途を細分化して明示しており、債務保証、経済協力事業資金貸出、搬出・搬入資金貸出及び特別経済交流協力資金貸出、その他交易・経協事業支援、交易・経協保険などがこれに該当する（第4条）。実際、韓国鉱物資源公社が2003年に鄭村黒鉛鉱山の建設資金として65億

ウォンの貸出を受けた事例があり、北朝鮮で亜鉛塊を輸入する業者が搬入資金として支援を受けた事例もある。

ただし、南北協力基金法施行規則第5条は、交易及び経済分野の協力事業を促進するための保証のうち3億ウォン以上の保証、その他に必要な支援のうち5億ウォン以上の資金支援、交易を促進するために所要される30億ウォン以上の資金融資、経済分野の協力事業を促進するために所要される50億ウォン以上の資金融資、経営外的な事由により発生する損失を補償するための保険のうち保険契約締結の限度額や保険金支給限度額の設定などに関する事項は、南北交流協力法に基づいて設置された南北交流協力推進協議会の議決を経なければならないと定めている。

南北協力基金運用管理規定は、南北間の当局間又は当局の委任を受けた者の間で合意がある場合、通常行われる基金の貸出やその他金融機関が取り扱う一般的な融資では経済協力事業を継続的に推進するのが困難であると認められる場合、統一部長官が南北交流協力推進協議会の議決を経て貸出対象、貸出金額及び貸出条件を別途定めることができると規定している（第25条）。

一方、南北経済交流協力に対する南北協力基金支援指針第14条は、貸出除外対象を規定している。経済協力事業貸出に関しては、大企業集団に属する場合は原則として貸出対象から除外するが、2つ以上の中小企業と同伴して進出したり、又な社会基盤施設分野に投資する場合には、南北交流協力推進協議会の承認を受け、貸出対象となることができる。

これに関し、社会基盤施設に対する投資と並行して、又は社会基盤施設に対する投資を条件に地下資源開発に対する投資の保障を受けるのが有力な案として議論されたた。南北経済交流協力に対する南北協力基金支援指針では、社会基盤施設（社会基盤施設に対する民間投資法第2条第1号に定める社会基盤施設に準ずる施設）への資金貸出は、「社会基盤施設の竣工後、事業施行者が当該施設の所有権を有する期間が貸出期間の満了後10年以上存続する契約方式」で行われると限定しており（第35条第4号ガ目）、BTLやBOOT、ROTなど様々な民間投資方式を導入する必要があるとの意見が提起されたことがある。

イ. 海外資源開発事業法の活用可能性

海外資源開発事業法は、国外の鉱物を開発する事業者に対する成功払融資など資金融資（第11条）、費用補助（第10条）、投資危険保証事業と投資危険保証機関

に対する政府支援（第13条の8）について定めている。北朝鮮の地下資源開発に
投資したり、開発資金の融資後に開発された資源を輸入したり、又は技術用役を
提供する場合、海外資源開発事業法による資金支援などを受けられのかが問題と
なる。

　海外資源開発事業法は、海外資源を国内の鉱物として定義し（第2条第3号）、
海外資源開発の方法を列挙しながら、外国人と合作したり、外国人に技術用役を
提供又は開発資金の融資を行うことをその要件として明示している（第3条）。文
言の解釈上、海外資源開発事業法が北朝鮮の地下資源開発投資、北朝鮮に対する
開発資金融資又は技術用役に直接適用されるとは言い難い。

　海外資源開発事業法の立法趣旨からみると、北朝鮮所在の地下資源開発に参加
する韓国投資家に対し、海外資源開発事業法による支援を排除する理由がない以
上、海外資源開発事業法の改正や有権解釈を通じて北朝鮮地下資源開発に投資す
る韓国人に対しても当該法律が適用されるよう、適用範囲を拡大するのが望まし
い。

(2) 投資方式と留意事項

　北朝鮮は、地下資源開発に関し、生産物分配契約や譲許契約の締結による外国
人投資誘致を法的に保障していない。そのため、韓国投資家が北朝鮮所在の地下
資源開発に投資したり、又は地下資源を北朝鮮から搬出するためには、①単独、
又は合作企業や合営企業を通じて地下資源開発の承認を受けたり、②地下資源開
発承認を受けた機関や企業所に投資したり、又は③地下資源開発承認書に基づい
て地下資源開発承認を受けた者と搬出に関する契約を締結し、搬出権限の保障を
受けなければならない。地下資源開発承認を受けた機関や企業所に投資するとし
ても、該当機関や企業所が地下資源搬出に関する別途の承認を受けなければ、該
当地下資源処分に関する権利の保障を受けることは難しい。

ア．地下資源開発承認の新規取得

　北朝鮮の憲法や関連法律は、地下資源開発に対する外国人投資を明示的に禁止
又は制限していない。そのため、理論的には、韓国企業や外国企業が単独で地下
資源開発に関する権利を確保することも可能であるだろう。ただし、北朝鮮のよ
うな社会主義計画経済のもとで、外国企業又は外国人が100%持分を保有する北

174　北朝鮮投資ガイド

朝鮮企業が経済活動の主体となる状況自体を想定することは難しく、したがって、地下資源開発に対する承認を受けることも不可能であると見られる。

北南経済協力法に基づいて、韓国の投資家が北朝鮮地域において単独で経済活動の主体となる状況も想定できる。しかし、北南経済協力法は、地下資源開発をその事業範囲として明示しておらず、協力事業は直接取引で行われなければならないと定めている点から、地下資源開発承認を前提にする資源開発投資や関連取引には、適用が難しいと判断される。

したがって、地下資源開発承認を新規で取得する場合、韓国企業や個人は、まず北朝鮮合作法や合営法に基づいて北朝鮮機関若しくは企業所と合作企業又は合営企業を設立し、該当合作企業や合営企業をして資源開発に関する承認を受けるようにしなければならない。

ただし、北朝鮮の現状を踏まえると、新規鉱山開発に関する承認を得るのは必ずしも容易ではない状況として理解される。鉱山の敷地や周辺の社会基盤施設開発、鉱山施設の増築や補修に対する投資を前提とし、新規承認を取得する対策を考慮できる。

イ. 地下資源開発承認を取得した企業の持分又は権利の譲受け

既に承認を受け、開発権を保有している企業所や機関から権利を譲り受け、これに対する承認を受ける方法である。この場合、最も問題となるのは、承認を通じて確保する権利の内容と承認期間、承認条件に関する事項である。

北朝鮮地下資源法は、機関や企業所が保有する開発権の性格や内容について具体的な規定を置いていないだけでなく、承認書の効力期間を1年に制限している。韓国の投資家としては、合営企業や合作企業の設立を含め、相当な規模の事前投資を約定したのにも関わらず、地下資源開発を通じて生産した鉱物の所有権確保と投資費用回収の保障を受けられない結果を招く恐れがある。また、承認条件の違反は、承認の取消はもちろん、該当鉱区で生産された鉱物や設備などの没収、罰金の賦課などに繋がるが、資源開発承認書に記載されている全ての条件を遵守することが現実的に容易ではなく、管轄政府機関が任意に承認を取消したり、設備又は鉱物の没収を決定する可能性も排除できないなど、韓国投資家の地位を非常に不安定にすることができる。

地下資源開発承認を受けた企業所や機関の持分を取得するのは、現在北朝鮮法制度のもとでは事実上許容されないと見るべきだろう。北朝鮮企業所や機関は、

計画経済に編入された社会主義企業又は機関であり、営利を目的とする私企業主体とは本質的に区分されるためである。

(3) 採掘された地下資源の長期・独占搬出契約締結

地下資源の搬出契約は、地下資源開発の承認を受けた企業所や機関と直接締結することもできるが、地下資源の輸出や域外販売権限を保有する企業所や機関と締結する方法もあり得る。

地下資源開発承認を受けた企業所や機関と地下資源搬出契約を締結する場合には、地下資源の域外搬出に対する承認を受けているのか、承認内容と範囲はどうなっているのかについて、必ず事前に確認しなければならない。地下資源の輸出や域外販売権限を保有する企業所や機関と地下資源搬出に関する契約を締結する場合には、該当企業所と機関が供給対象鉱物を安定的に確保できる地位にあるのか、供給義務を履行できない場合、その不履行に対する責任を問う方法があるのかについて、綿密な事前検討が必要であるだろう。

北朝鮮の環境法 X

01. 環境法の構造及び体系

02. 環境法の主な内容

03. 環境法の特徴及留意点

北朝鮮投資ガイド

01 環境法の構造及び体系

(1) 憲法上の根拠

　北朝鮮憲法第57条は、「国家は、生産に先立って環境保護対策を立て、自然環境を保存、造成し、環境汚染を防止し、人民に文化衛生的な生活環境と労働条件を用意する。」と規定されており、憲法に環境保護に関する根拠を設けている。1992年に憲法に初めて規定され、現行憲法に至るまでそのまま継承されている根本条項である。

(2) 環境に関する基本法律である環境保護法

　環境保護法は1986年4月9日、最高人民会議法令第5号採択された後、2014年10月22日まで7回に渡って修正、補充された。環境保護法は第4章、58個条で構成されている。第1章では環境保護法の基本原則を明らかにし、第2章では自然環境の保全及び造成を規律し、第3章では環境汚染の防止義務を課し、第4章では環境保護事業に対する指導統制の根拠を設けている。

(3) その他環境関連法令

　2005年11月9日、最高人民会議政令第1367号で採択され、2007年3月27日に修正、補充された環境影響評価法も環境に関連する主な法令である。この法律は、「計画の作成と開発、建設が環境に及ぼす影響を予測、評価し、否定的な影響をなくしたり、最大限軽減するための対策を立てる重要な事業」を、環境影響評価として定義する。「計画」には、国土計画及び建設総計画が、「開発」には資源及びエネルギーの開発が、「建設」には新設、技術改建、増築、改築、移築・改築が含

X. 北朝鮮の環境法　179

まれている（法第2条）。この法律では、環境影響評価文書の作成と申請、審議、環境影響評価決定の執行を規律している。

　1998年5月27日、最高人民会議決定第116号で採択され、2005年12月13日に修正、補充された国土環境保護取締法も環境法の主な体系を構成する。この法律は、国土環境保護監督機関及び監督統制機関で違法行為を調査、処理するための根拠や法違反の際の処理に対する責任条項を置いている。

　自然保護区法は、自然保護区の設定、調査及び管理の制度と秩序を厳格に立て、自然環境と生物多様性を保護し、人民により良い生活環境と条件を提供するという目的を明らかにしている（法第1条）。自然保護区は、生物圏保護区、原生林保護区、動物保護区、植物保護区、景勝地保護区で構成されている（法第2条）。その他森林法、地下資源法、文化遺物保護法、土地法などでも環境関連規定を置いている。

02 環境法の主な内容

(1) 環境保護法

ア．環境保護法の基本原則

　環境保護法では、環境保護が全国家的、全人民的事業であることを明らかにし、①環境保護事業計画化の原則、②公害防止対策先行の原則、③全人民的環境保護管理の原則、④環境保護分野科学研究事業の原則を明らかにしている（法第3条ないし第7条）。また、機関、企業所、団体に管理担当制を実施しており、管理担当制の対象として、地域の森林、浜、道路、鉄道、堤防、緑地を挙げている（法第6条）。

イ．自然環境の保存及び造成

　自然環境の保護のため、生物圏保護区、原生林保護区、動物保護区、植物保護区、景勝地保護区、水産資源保護区のような自然保護区及び特別保護区を定め、自然保護区及び特別保護区を定める事業は、内閣が施行する（法第11条）。このような自然保護区及び特別保護区では、自然環境を原状のまま保存し、保護管理に支障を与える行為ができないよう定めている（法第12条）。

　機関、企業所、団体及び公民は、都市、村、道路、鉄道周辺、湖沼、河川周辺の風致林を切ったり景勝地、海岸の松原、海水浴場、奇岩絶壁、優雅奇妙な山勢、風致の良い島等の自然風致を損傷、破壊してはならないと規定し、自然風致の保護を定めている（法第13条）。

　また、機関、企業所、団体及び公民は、景勝地と観光地、休養地に炭鉱、鉱山を開発したり、環境保護に支障を与える建物、施設物を建てるような行為をしてはならない。また、洞窟、滝、昔の城跡のような天然記念物及び名勝古跡を原状

X．北朝鮮の環境法　181

保存しなければならないと規定し、景勝地と天然記念物の保護を特に強調している（法第14条）。

ウ．環境汚染の防止

基準を超え、有害ガス、黒煙を噴出す輪転機材及び包装していない材料を載せ、汚れを引き起こす可能性があり、雑然となった輪転機材は運行することができない。また、規定された基準を超え、騒音と振動を起こす設備は稼働することができないとし、環境保護基準を超過する設備の稼動を禁止する根拠を規定している（法第21条）。ただし、公開された当該基準はみつからない。

船による汚染の防止に関し、港、浦口、閘門、埠頭を管理、運営する機関、企業所、団体は捨て水と汚物の処理施設を備え、船から出る捨て水と汚物を規定に従い処理し、海、河川に流された油と汚物を適時に浄化、処理しなければならないと規定している。また、港務監督機関は、貿易船の入港申請を受ける際、油の汚染と難破船除去のための保険担保があるかを確認し、入港許可をしなければならないと決めている（法第29条）。

さらに、機関、企業所、団体は、環境管理システムを立て、環境管理を標準化し、環境管理システムと製品の環境認証を受ける事業を奨励しなければならない。環境管理システムと製品の環境認証事業は当該環境認証機関により進行され、根拠条項も置かれている（法第40条）。環境認証事業の具体的な内容も公開されていないものとして推測される。

エ．環境保護事業に対する指導・統制

中央国土環境保護指導機関は、全国的な環境監視システムを立て、海や川、湖沼、貯水池、大気の汚染状態を正確に調査、把握し、環境保護のため年次別計画を立て、その実行を正確に指導しなければならない（法第45条）。国家計画機関および当該機関は、環境部門の経済指標を決め、人民経済計画に合わせて正確に執行しなければならないと定められている（法第46条）。

特に、国土環境保護機関が定めた建設対象は、環境影響評価を義務的に受けなければならないとし、機関、企業所、団体は、技術課題と建設設計を環境保護のニーズに合わせ作成しなければならず、国土環境保護機関の環境影響評価を受けていない技術課題及び建設設計は審議、批准できないという義務条項を置いている（法第48条）。

一方、北朝鮮の領域で、他国の法人、船及び公民がこの法律に違反した場合、抑留、損害補償、罰金などの制裁を与え、他国の法人ないし公民の民事・刑事責任の根拠も定めている（法第55条）。

(2) 環境影響評価法

環境影響評価法は、環境影響評価書類の作成、申請、審議などの手続と執行の原則を規定している。環境影響評価書類は、計画作成機関と建築主である機関、企業所、団体により作成され、必要に応じて科学研究機関または当該専門機関に依頼し、環境影響評価書類を作成できると定められている（法第10条）。

環境影響評価書類の審議は、国土環境保護機関が担当し、国土環境保護機関は重要対象及び環境への影響が大きい対象に対する環境影響評価書類の審議のため、当該部門の専門活動家たちが集まった環境影響評価委員会を組織できると定められている（法第16条）。国土環境保護機関は、環境影響評価書類を受理した日から30日以内に審議し、重要対象及び環境への影響が大きい対象に対しては、審議期間を15日間延長することができ（法第17条）、審議期間の制限も設けられている。

国家建設監督機関、国土環境保護機関、国家計画機関、財政銀行機関は、環境影響評価を受けていない対象に対し計画、開発、建設を承認してはならないと規定され、環境影響評価承認を受けていない対象に関する計画などを否決させる条項が置かれている（法第29条）。

また、環境影響評価事業に対する指導は、内閣の統一的な指導の下で、中央国土環境保護指導機関が担当し（法第30条）、行政的な監督、統制及び民事・刑事責任の規定まで設けている（法第31条ないし第33条）。

(3) 自然保護区法

自然保護区として、①原生林が広がっている地域、②動物・植物が集中分布している地域、③特産種、危機種、希少種の動植物がある地域、④特出した自然景観の多様性で名の知れた地域を設定できる（法第10条）。

自然保護区では、木を切る行為、炭鉱、鉱山、採石場等を開発する行為、土地を掘ったり開墾する行為、環境を汚染させたり、自然の景観を破壊できる建物、

施設物を建設する行為、その他自然保護区の環境を破壊させる行為が禁止されており（法第32条）、開発自体が原則として禁じられている。

環境影響評価事業に対する指導は、内閣の統一的な指導の下で、中央国土環境保護指導機関が行ない、自然保護区の保護施設を破損させたり、環境を破壊した場合には、原状回復若しくは該当損害を補償させるよう定められている（法第40条、第41条）。

(4) 国土環境保護取締法

国土環境保護取締法は、環境法違反に関する捜査の根拠を別途規定している。国土環境保護機関、またその監督統制機関は、法違反者を取り締めた場合、身分を確認し、違法行為と関連があると認められる手段、品物を確認したり、各種文書を閲覧することができるとし（法第4条）、法に違反した者に対する身分確認の根拠を設けている。

違反者の身分または違法行為が確認されない場合、取り締まった者と証人に該当機関まで同行するよう要求することができ、取り締まった者と証人は、国土環境保護機関及びその監督統制機関の要求に応じなければならないと規定し、任意同行の要求を強制することができる根拠を設けている（法第5条）。

法違反者が取り締まりに応じなかったり、逃走した場合には抑留することができる。抑留期間は8時間までとし、必要に応じ単位責任者の承認を受け抑留期間を24時間まで延長できるように定められている（法第10条）。

03 環境法の特徴及留意点

(1) 法的責任の具体化

　北朝鮮では、1990年に民法が制定され、民事責任に関する規定が立法化されるまで、環境被害に関する民事法上の救済手段は存在しなかった。しかし、民法を制定し、「機関、企業所、団体及び公民は、他人の民事上の権利を侵害したり、自らの民事上義務に違反した場合、民事責任を負う」（法第240条）と定めて以来、民事責任の原則が具体化されている。環境保護法第56条は、環境を破壊させ、人民の健康や国家、社会協同団体、公民の財産に被害を与えた場合、原状回復もしくは該当損害を補償するよう定めている。2011年の改正の際、「被害」を「損害」へと明らかにした。

　また、環境保護法、自然保護区法及び環境影響評価法は、民事責任だけでなく、行政責任や刑事責任を明示し規定している。

(2) 外国人投資の禁止及び制限の理由

　外国人投資法第11条第3号は、投資の禁止及び制限の対象として、「環境保護基準に合わない対象」を明示している。資源輸出を目的とする対象（第2号）、技術的に劣った対象（第4号）及び経済的効果が少ない対象（第5号）は、投資の属性に照らし当然制限されるべきである。国の安全と住民の健康、健全な社会道徳生活に阻害を与える対象（第1号）は、一般規定であることから、外国人投資禁止事由に環境保護基準を具体的に列挙した部分は異例であり、投資家としては環境保護の基準を念頭にておく必要がある。

　ただし、環境関連法令でも環境保護の重要な原則を提示することにとどまっており、環境保護に関する詳細な基準は、事前にて明確に公開されていないという

X. 北朝鮮の環境法　185

限界がある。このような限界は、投資家にとっては、予測可能性を阻害する要因として作用する。環境保護法第57条第7号によると、環境保護の基準を超えた場合行政責任を負うと明示されており、環境保護事業に対する監督・統制は、国土環境保護機関に任せられている。したがって、環境関連法令で定められた手順と要件を考慮し、当該監督機関と事前に投資事業などの環境保護基準について協議する必要がある。

紛争解決： XI
北朝鮮特殊経済地帯

01. 序論

02. 仲裁法概説

03. 対外経済仲裁法概説

04. 北朝鮮特殊経済地帯の紛争解決手続

北朝鮮投資ガイド

01 序論

　外国人の北朝鮮投資に関して紛争が発生する場合、当事者の間で仲裁合意がなされていることを前提に、裁判より仲裁での紛争解決が選好される[143]。

　北朝鮮は、朝鮮民主主義人民共和国仲裁法と朝鮮民主主義人民共和国対外経済仲裁法をそれぞれ制定し、国際的に公認された仲裁の方法により解決することを明示している。対外経済紛争と関連した事件は、朝鮮国際貿易仲裁委員会、朝鮮海事仲裁委員会、朝鮮コンピュータソフトウェア仲裁委員会が担って解決する。朝鮮国際貿易仲裁委員会は貿易、投資、サービスと関連する商業的な紛争を審理、解決し、朝鮮海事仲裁委員会は海上輸送、海難救助、共同海損のような海上輸送と関連する紛争を審理、解決し、朝鮮コンピュータソフトウェア仲裁委員会は著作権保護及びソフトウェア部門の貿易、投資、サービス部門と関連する紛争を審理、解決する。

---

143) Investment Guide to the DPRK、51頁。

02　仲裁法概説

(1) 仲裁法一般規定

　まず、対外経済仲裁法の根幹となる北朝鮮仲裁法は、国家をして人民経済計画及び契約規律を違反した行為を明らかにし、その情状に基づいて法的責任を負わせるところに意義がある（第1条）。仲裁事件の解決は、裁決に決定によるとし、仲裁当事者は、提起した請求を放棄したり、又は互いに和解することはできない。仲裁機関は、仲裁事件を受付けた日から2ヶ月以内に処理しなければならなく、裁決に対する意見が提起された事件は、受付けた日から1ヶ月以内に処理しなければならない（第7条〜第16条）。

(2) 仲裁管轄(第17条〜第25条)

　仲裁手続で解決すべき事件は、①機関、企業所、団体の間で人民経済計画を実行するために契約を結んだり、又はそれを履行する過程で提起される紛争事件、②機関、企業所、団体の間で紛争は起きていないが、人民経済計画及び契約規律を違反した事件である。即ち、当事者らの合意により、仲裁が紛争解決方式として決まるものではなく、管轄が最初から決まっているのが特徴である。

　仲裁機関は、中央仲裁機関/道（直轄市）仲裁機関/部門仲裁機関に分けられる。道（直轄市）仲裁機関は、中央仲裁機関と部門仲裁機関の管轄に属さない仲裁事件を解決する。専用船契約の締結に関し提起された紛争事件に対する仲裁審理は、専用船があるところを管轄する道（直轄市）の仲裁機関が行い、輸送途中の事故補償に関して提起された紛争事件に対する仲裁審理は、荷物が着く駅又は荷物が着いた駅を管轄する道（直轄市）仲裁機関が行う。部門仲裁機関は、武力機関を当事者として提起される仲裁事件を審理、解決する。

(3) 仲裁提起(第26条〜第35条)

　機関、企業所、団体は、人民経済計画の実行及び契約の履行過程で、自己の権利・利益を侵害された場合、仲裁を提起しなければならない。仲裁提起書に添付する書類は、請求の根拠となる書類、被告に請求した書類の謄本と被告の答弁書、その他事件解決に意義がある書類である。仲裁機関は、機関、企業所、団体の計画及び契約規律の違反行為を発見した場合、直接仲裁を提起できる。仲裁提起は、仲裁院の決定で行う。当事者の自由な選択により仲裁が提起される韓国の仲裁手続とは異なる部分である。

(4) 仲裁準備/審理(第36条〜第66条)

　仲裁院は、仲裁事件を検討し、仲裁準備を行い、証拠提出命令、鑑定、現地調査、担保処分に関する権限を持っている。仲裁院は、仲裁の準備が終わったら、決定により事件を仲裁審理に回付する。仲裁審理は、仲裁員1名又は仲裁員3名で構成された仲裁委員会で行う。仲裁当事者の発言が終わったら、仲裁審理を終え、裁決を下すが、仲裁審理が終わった日から3日以内に仲裁審理調書を作らなければならない。

(5) 裁決及び決定/執行(第67条〜第86条)

　裁決の種類には、①原告請求の承認、②原告請求の拒否、③仲裁審理で確証された違法行為に対し制裁を科す裁決、④違約金、延滞料、損害補償を免除する裁決などがある。原告請求を承認する場合は被告に、拒否する場合は原告に、第三者の過ちにより原告の請求を拒否する場合は被告にそれぞれ国家手数料が課される。裁決について意見がある仲裁当事者は、裁決謄本を受けた日から10日以内に、仲裁機関に意見提起書を提出しなければならない。意見提起書を受けた道（直轄市）仲裁機関は、それを事件記録と一緒に3日以内に、中央仲裁機関に送らなければならない。中央仲裁機関が下した裁決、仲裁員会議で下した決定ついて意見が提起された事件は、中央仲裁機関の仲裁員全員会議で審理解決する。

03 対外経済仲裁法概説

(1) 対外経済仲裁法の基本(第1条〜第11条)

　対外経済仲裁法は、対外経済紛争の解決において、制度と秩序を厳格に立て、紛争事件を正確に審理、解決し、紛争当事者の権利と利益を保護するのに役立つ法であると説明される。国際的な仲裁基準に合わせ、北朝鮮の仲裁法を変形させたところに特徴がある。

　対外経済仲裁の際、地域管轄と審級を置かず、仲裁部が下した決定を最終決定とする。対外経済仲裁で解決する紛争事件は、一般的に①外国的要素と一緒に、当事者の間に仲裁合意がある対外経済取引過程で発生した紛争、②国家が対外経済仲裁手続で解決することを委任した紛争である。具体的に、問題となる場合は、次のとおりである[144]。

① 北朝鮮の機関、企業所、団体と外国人投資企業（合営企業、合作企業、外国人企業）との間で起きた紛争
② 北朝鮮の機関、企業所、団体と外国企業（共和国領内で所得源泉がある他国の機関、企業体、経済組織、個人業者）との間の紛争
③ 外国人投資企業と外国人投資企業との間で起きた紛争
④ 外国人投資企業と外国企業との間で起きた紛争
⑤ 外国企業と外国企業との間で起きた紛争
⑥ 北朝鮮の機関、企業所、団体と、外国人投資企業、外国企業、海外朝鮮同胞、外国人との間で起きた紛争

　対外経済仲裁の当事者は、該当機関、企業所、団体であり、場合によっては、

---

144) Investment Guide to the DPRK、52頁。

192　北朝鮮投資ガイド

公民も当事者となることがある。当事者が仲裁と関連した協議、又は法に反し仲裁が進められていることを知りながら、直ちに又は定められた期間内に意見を提起しなかったため、仲裁事件の手続きが継続して進められた場合には、意見提起権を放棄したものとする。仲裁事件が裁判機関に提起されたり、又は当事者が仲裁合意をしたのにも関わらず、裁判機関に訴訟を提起した場合には、事件を仲裁委員会に引き渡す。国家は、対外経済仲裁事件の取扱いと処理において、仲裁部の独自性を徹底的に保障するようにしており、国家は、対外経済仲裁活動において、国際法と国際慣例を尊重し、国際機構、他国との協調と交流を発展させる義務を課した点が注目に値する。

(2) 仲裁合意(第12条〜第19条)

当事者は、対外経済取引過程で発生し得る紛争を仲裁の方法で解決することに合意できる。当事者は、仲裁合意を書面で行わなければならず、当事者が手票（署名）した書類や当事者間で交わした書信、ファックス、電子郵便などに仲裁意思と関連した内容が反映されている場合、仲裁合意が口頭又は行動、その他の手段や形式でなされても、その内容が記録されていたり、又は証拠により確認された場合には、仲裁合意として認める。すなわち、当事者の書面合意は、契約が含まれている仲裁条項や、紛争発生後に当事者が結んだ仲裁契約のすべてが含まれる。

仲裁契約がなされたら、当事者は仲裁手続で紛争を解決しなければならない。この義務を犯して当事者が裁判所に訴訟を提起した場合、相手方は仲裁契約が締結されたことを理由に、訴訟の棄却を求めることができる。当事者の一方が提起した仲裁合意を相手方の当事者が否認しない場合、被告が原告の仲裁提起を否認せずに抗弁書を提出した場合には、書面での合意がなくても仲裁合意として認めることができる。

(3) 仲裁部/仲裁手続(第20条〜第44条)

当事者の合意により仲裁部が決定され、1〜3名で構成される。仲裁委員会の成員、紛争事件を審理、解決できる能力を持つ法又は経済部門の人員、弁護士、裁判官としての経歴がある人、仲裁分野で広く知られている海外朝鮮同胞又は外国

人が仲裁員になる資格を持つ。仲裁手続、仲裁場所、仲裁言語、準拠法は、合意で行うことができ、口頭で行わないことを合意した場合を除いて、当事者一方の要求により、事件取扱いの必要な段階で口頭審理を行わなければならない。また、被告は、受付された仲裁事件に対して「対向仲裁」を申請できる。

(4) 裁決/効力と取消/執行(第45条〜第65条)

裁決の取消を求めるためには、次の事由が認められなければならない。

① 無能力者、仲裁審理を行った国の法令違反
② 通知などを受け取れなかった場合
③ 仲裁合意の対象性
④ 仲裁部の構成又は仲裁手続が合意違反又は法令違反
⑤ 裁決を下した国の裁判機関又はその国の法により取消又は執行停止
⑥ 該当紛争が裁決を下した国の法により仲裁手続で解決不可能
⑦ 裁決の執行が共和国の社会秩序に外れる事実

裁決申請の有効期間は、当事者が裁決文やその訂正文、解釈文、追加裁決文を受けた日から2ヶ月間とする。他国の仲裁部が下した裁決の承認と執行は、共和国の該当法規に従う。

04 北朝鮮特殊経済地帯の紛争解決手続

　北朝鮮の特殊経済地帯では、紛争解決手続に関する別途の規定を置いている。

　まず、開城鉱業地区法第46条は、「工業地区の開発と管理運営、企業活動と関連する意見の相違は、当事者間協議の方法で解決する。協議の方法で解決できない場合には、北南の間で合意した商事紛争解決手続又は仲裁、裁判手続で解決する」と規定している。「協議優先原則」を定め、協議で解決できない場合には、仲裁又は裁判手続に基づいて紛争を解決することにしている。上記第46条で「北南の間で合意した商事紛争解決手続」とは、「南北間の商事紛争解決手続に関する合意書」による商事仲裁手続を意味するが、現在まで上記合意書による南北商事仲裁委員会は構成されていない状態である。

　羅先経済貿易地帯法や黄金坪・威化島経済地帯法の場合、南北間の紛争と違って、紛争解決に関する「協議優先原則」を規定していない。その代わりに、紛争解決方法を調停、仲裁、裁判に区分し、該当手続の要件を明確に規定した（羅先経済貿易地帯法第81条ないし第83条、黄金坪・威化島経済地帯法第72条ないし第74条）。

　まず、調停を担当する機関は、特殊経済地帯の管理委員会又は該当機関である。紛争当事者が要求する場合、調停により紛争を解決することになり、この時、紛争当事者の意思に基づいて調停案を作成する（羅先経済貿易地帯法第81条、黄金坪・威化島経済地帯法第72条）。仲裁の場合、国際仲裁機関による仲裁を明示的に許容した点が特徴である。当事者は、仲裁合意があれば、経済地帯に設立された北朝鮮又は他国の国際仲裁機関に仲裁を提起し、該当仲裁委員会の仲裁規定に基づいて仲裁判定を受けられる（羅先経済貿易地帯法第82条、黄金坪・威化島経済地帯法第73条）。最後に、裁判により紛争を解決する場合、裁判は経済貿易地帯の管轄裁判所が管轄するようにしたが（羅先経済貿易地帯法第83条、黄金坪・威化島経済地帯法第74条）、黄金坪・威化島経済地帯法では、羅先経済貿易地帯法とは違って、経済地帯内に別途裁判所を設置する可能性を開いたとこ

XI. 紛争解決：北朝鮮特殊経済地帯　195

ろに意義がある（第74条）。

　ただし、法の文言によると、国際仲裁機関も「経済地帯に設立された他国の国際仲裁機関」でなければならないと解釈される。投資家が、ICC国際仲裁裁判所など、名望ある国際仲裁機関を活用することは難しい見込みである点が限界として指摘される。

　行政関連紛争の場合、羅先経済貿易地帯法、黄金坪・威化島経済地帯法は、北朝鮮経済特区法の中で最初に行政訴訟制度を導入した点で意義がある。「経済貿易地帯での行政訴訟手続は別途定める。」とし、行政訴訟制度を明示的に規定しながら、下位規定を通じて具体的な手続を定めることにした（羅先経済貿易地帯法第83条、黄金坪・威化島経済地帯法第74条）。申訴が行政的救済手段であるのに比べ、行政訴訟は司法的救済手段である点において、行政訴訟制度が施行されると、北朝鮮当局の処分に対する公式的な司法的管理救済制度として投資家保護に大きな影響を及ぼすものとして見られる。一方、申訴についても、申訴できる機関、処理期間、処理結果の通知に関して具体的に定めた（羅先経済貿易地帯法第80条、黄金坪・威化島経済地帯法第71条）。

知的財産権 XII

01. 序論

02. 発明に関する法制

03. デザインに関する法制

04. 商標に関する法制

05. 著作権の法制

北朝鮮投資ガイド

01 序論

　一般的に、知的財産権は、産業財産権と著作権に区分され、産業財産権は、特許権、実用新案権、デザイン権、商標権等に分けられる。北朝鮮では、発明に関する権利として発明権と特許権を、設計に関する権利として工業図案権を、商標に関する権利として商標権が認められている。北朝鮮は、産業財産権に関する法律として発明法、工業図案法、商標法を制定、運営している。

02

発明に関する法制

(1) 発明法の主な内容

　北朝鮮の発明法は、1998年5月13日、最高人民会議常設会議決定第112号で採択され、2014年12月10日の最高人民会議常任委員会政令第258号で最終的に更新、補充された。

　改正された発明法は、従来の発明法に比べ、国際的なレベルと現実的な要求に合わせ一歩進んだ面がある。発明に対する権利を発明権、特許権、実用技術発明権、実用的技術特許の4つに分け（第9条）、特許申請の様式に外国語の申請と関連した規定を追加し、外国人の発明及び特許も保護されるのを明示し（第10条）、外国人は、特許権の登録を申請する場合、発明の代理機関に申請を委託すべきであることを追加した（第26条）。特許権を登録、申請できる権利を機関、企業、団体に譲渡できる条項を追加することにより発明の活用範囲を広げ（第15条）、職務発明、所属機関及び団体の施設を利用した発明、共同発明に関する権利帰属の問題も新たに規定した（第12条、14条）。

(2) 発明法上の「発明」

　発明法上の発明は、「実践により提起される問題に対する新しい技術的解決策」と定義され（第2条）、発明法は、発明権又は特許権を取得できる条件として、①新規性（先行技術に比べ、新しい）、②発明の水準（その技術に熟練した者が、先行技術に基づき発明を容易に予測できない）、③導入可能性（当該発明は、工業をはじめ人民経済の様々な部門で利用できる）を提示している（法第20条）。そして、「発明の水準」要件が備えられてなくても、新規性があり、導入可能性がある発明については、実用技術発明権や実用技術特許権を取得できる

200　北朝鮮投資ガイド

（第21条）[145]。

(3) 発明権、特許権の登録手続き及び権利の内容

　発明者は、一つの発明について発明権、特許権、実用技術発明権、実用的技術特許権のいずれかを選び申請しなければならない（第9条）。

　発明権及び特許権は、①申請者が申請書類を受け付けると、②発明行政機関は申請書類に対し形式審議を行い、形式審議を通過した場合、申請書類の受付日を出願日とし、その申請書類を公開する（第29条）。③形式審議をして公開した発明権又は特許権の登録申請書類は、本質審議を経て登録または否決決定される。登録決定をする場合、その内容を公開し、発明権や特許権者にその証明書を発給する（第32条）。否決決定について申請者は、3ヶ月以内に再審議を求めることができる（第37条）。

　特許権は、特許権登録申請日から15年間保護され、特許権者の要求に応じて、その期間を5年間延長することができる（第42条）。ただし、実用技術特許権の保護期間は10年である。

　北朝鮮発明法の最も大きな特徴は、発明者に付与される権利が発明権と特許権に分けられるところにある。特許権者に独占的利用権が付与される特許権と違い（第41条）、発明権を付与させた技術の利用は機関、企業所、団体に付与されるという点で異なる（第40条）。特許権者は、需要者と契約を結び、特許技術の利用を許可したり、利用する権利を譲渡することができ、特許技術の利用許可を受けた機関、企業所、団体は、特許権者の承認を得ずには第三者にその技術の利用を許可することができない（第45条）。

145）北朝鮮は、韓国の実用新案に相当する「創意考案」について、発明法制定以前までは「発明と創意考案に関する規定」で保護していたが、発明法の制定により当該規定は廃止されたものと思われる。 2001年に「創意考案に関する規定」を制定したという報道があったが、全文を確保できず、特に機密にする理由がないという点に照らし、創意考案に対する別度の個別法は存在しないと判断される。2014年、改正発明法にて新たに追加された実用技術発明権と実用技術特許権は、発明の水準要件が備えられてなくても（つまり進歩性の要件を満たしていない場合でも）、新規性と導入の可能性がある発明に対して付与され、実用新案のその要件が似ており、保護期間も10年で実用新案と同じであることから、従来の「創意考案」が実用技術発明権又は実用技術特許権に置き換えられた可能性がある。

(4) 権利侵害時の救済策

発明法が改正される以前には、損害補償請求権の規定に留まっていたが、改正発明法には救済策に関する部分が補完された。

ア. 侵害行為の中止要求

発明行政機関は、特許権と関連し発生した紛争を解決する過程で、提起された内容が特許権侵害行為であると判断した場合は、当事者に当該行為を停止するよう要求することができ、当事者が停止要求を受けた日から30日以内にその行為を停止しない場合、該当する法律機関に特許権侵害行為を停止するよう要求することができる（第55条）。

イ. 損害補償

特許権を侵害した場合、当該損害を補償しなければならず、特許権を侵害した当事者が損害補償をしない場合、特許権者は、発明行政機関で解決することができる（第56条）。

ウ. 行政制裁

次の場合、行政制裁の対象になる（第63条）。

---

1. 発明行政機関の審議を受けずに、または発明の代理機関を通さずに他の国へ特許権の登録を直接申請した場合
2. 発明行政機関が公開していない発明権、特許権の登録申請内容を公開した場合
3. 形式審議を通過した発明権、特許権登録申請書類を公開しない場合
4. 本質審議の過程で、申請者の意見を受ける手続を経ずに発明権、特許権の登録を否決した場合
5. 発明権や特許権を取得できる条件に合わない発明に対し発明権や特許権を与えた場合
6. 発明権、特許権の登録に関する再審要求を受付け、適時に審議していない場合

---

7. 発明権と特許権の無効要求を受け付け、審議を適時にしていない場合

8. 発明権、特許権者の権利を侵害した場合

9. 特許技術を利用したのにも関わらず、発明者に補償をしていない場合

エ. 刑事処罰

上で述べた行政制裁の対象行為が犯罪に至った場合、刑法の該当条文に基づいて刑事責任を負う（第64条）。

デザインに関する法制

(1) 概要

北朝鮮の工業図案法は、デザインを保護する法制である。工業図案法は1998年6月3日の最高人民会議常設会議決定第117号で採択され、2011年12月21日の最高人民会議常任委員会政令第2052号で最終修正された。

(2) 工業図案の概念と分類

工業図案とは、「工業的な方法で生産する製品の形状や色、装飾等を絵又は写真で新たに描写したもの」である（第2条）。工業図案は、機械設備と運輸手段、繊維製品、生活や文化用品、衣装品、家具類、建具類、包装容器などの製品図案と装飾図案で分類される。

(3) 工業図案の登録手続

工業図案の登録は、①工業図案登録の申込、②審議、③登録可否の決定、④登録決定の登録及び登録証の発給の順で行われる。

外国人は、特許と同じ様に代理機関を通じて朝鮮語で作成された工業図案登録申請書類を提出しなければならない（第12条）。

(4) 工業図案権の効力及び保護

工業図案権の所有者は、①登録された工業図案のライセンス、②登録された工業図案の全部または一部の譲渡及び使用許可権、③登録された工業図案の取消権

を有する（第29条）。工業図案権の所有者は、登録された工業図案を他の機関、企業所、団体、公民が使用できるよう許可するためには、契約を結び、工業図案使用許可書類を工業図案登録機関に提出しなければならない（第31条）。工業図案使用に関する許可を受けた機関等は、それを使用して生産した製品の品質に関し責任を負い、工業図案権の所有者は、これを統制することができる（第32条）。

　工業図案権の保護期間は、工業図案登録を申請した日から5年であるが、工業図案権所有者の申請に基づいて5年間2回延長することができる（第35条）。

(5) 権利侵害時の救済策

　工業図案権所有者の利益を侵害した場合、その損害を補償させたり、違法行為を通じて生産した製品を没収する（第47条）。また、承認を得ずに登録された工業図案を使用した場合、その使用を中止させることができ（第48条）、工業図案法を違反して工業図案事業に重大な結果を起こした者は、行政的又は刑事的責任を負担する（第49条）。

# 商標に関する法制

(1) 概要

　北朝鮮の商標法は、1998年1月14日の最高人民会議常設会議決定第106号で採用され、数回改正されたが、2012年11月13日の最高人民会議常任委員会政令第2803号で最終修正された。一方、北朝鮮は1980年6月10日、「商標の国際登録に関するマドリッド協定」に加入した。

(2) 商標の概念及び図案創作時の要求事項

　北朝鮮商標法上の商標は、「生産者またはサービス提供者の同じ製品や、サービスを区別するため文字、絵、数字、記号、色、3次元的形態またはそれらの結合体で明かす標識」をいう（第2条）。2012年の商標法改正当時、商標図案の創作に要求される事項を以下のように新設した（第2条）。

1. 商標図案を、見た目がよく、意味がはっきりし、特性を生かせるように形状しなければならない。
2. 商標図案を人為的に誇張せずに、文化的に見味があるよう形状なければならない。
3. 必要に応じ、漫画的に生き生きとしながらも、実感が湧くように形状し、人々の注目を集めて製品に対する好奇心を持つようにしなければならない。
4. 原色だけを使い下品な感じを受けるようにしてはならず、ブランドの特性に合わせ色を調和よく使わなければならない。
5. 規格をはじめ、世界共通の内容と表記方法を正確に守らなければならない

(3) 商標登録の手続

北朝鮮での商標登録は、①商標登録の申請、②審議、③登録可否の決定、④登録決定の登録及び登録証の発給の順で行われる。

商標登録を申請しようとする者は、商標登録の申請書類を提出しなければならず（第8条）、外国人は代理機関を通じ、朝鮮語で作成された申請書類で受付することができる（第11条）。商標登録機関は、申請書受付後に受付証を交付し（第13条）、申請に問題がある場合には、申請を返戻することもでき、3ヶ月以内に補正をするように命じることもできる（第14条）。外国人が自国または任意の国で受けた商標の登録申請に対する優先権は、それを受けた日から6ヶ月以内に、北朝鮮の商標登録機関に受付した場合に認められる（第17条）。

商標登録機関は、登録申請を受理した日から6ヶ月以内に商標登録の可否を審議しなければならず（第19条）、審議の結果を申請者に通知しなければならない（第22条）。商標登録の否決通知を受けた機関等は、6ヶ月以内に再審議を要求することができる（第25条）。

(4) 商標権の効力及び保護

商標権者は、①登録された商標の使用権、②登録された商標の全部または一部の譲渡及び使用許可権、③商標権侵害行為を中止させる権利と損害補償請求権、④登録された商標の取消権を有する（第29条）。

商標権者は、登録された商標権に関し他の機関、企業所、団体、公民の使用を許可することができる。そのためには、商標使用許諾契約を結び、当該書類を商標登録機関に提出しなければならない（第31条）。商標の使用者は使用許可を受けた商標を使った商品、サービスの質に関し責任を負い、商標権者は、これを統制することができる（第32条）。

商標権の保護期間は、商標登録を申請した日から10年であり、商標権者の申請により10年ずつ延長することができる（第34条）。

(5) 権利侵害時の救済策

　商標に関する違法行為は禁止られている（第44条）。つまり、法律に違反し商標を制作、印刷、利用、売買、または他の国で制作したり、虚偽、偽造商標を付着した商品、商標のない商品を販売、輸出入するような行為をしてはならない。

　商標権者の利益を侵害したり、虚偽・偽造商標を制作、印刷、利用、売買した場合には、その損害を補償させ、違法行為に使用された商標と商品を没収したり、営業を停止させることができる（第47条）。

　商標法に違反し、商標事業に重大な結果を及ぼした者は、行政的又は刑事的責任を負担する（第49条）。

 著作権の法制

(1) 著作権の概要

北朝鮮の著作権法は、2001年3月21日の最高人民会議常任委員会政令第2141号で採択され、2012年11月13日の最高人民会議常任委員会政令第2803号で最終修正された。

(2) 著作権の保護対象

北朝鮮の著作権法は、著作権の対象となる著作物を定義していない。ただし、当該機関が科学性、客観性、現実性の原則に基づき著作権の対象を定めなければならないと規定している（第8条）。著作権の対象である著作物は、以下の通りである（第9条）。

1. 科学論文、小説、詩などの著作物
2. 音楽著作物
3. 歌劇、演劇、サーカス、舞踊等の舞台芸術著作物
4. 映画、テレビ編集物などの映像著作物
5. 絵画、彫刻、工芸品、書道、絵柄などの美術著作物
6. 写真著作物
7. 地図、図表、図面、略図、模型のような図形著作物
8. コンピュータプログラム著作物

この他にも、「原著作物を編作、編曲、脚色、潤色、翻案、翻訳などの方法で改作して作った著作物」である2次的著作物も、独自の著作物として捉えられており

（第10条）、編集著作物も著作権の対象として認めている（第10条）。

　北朝鮮では出版、発行、公演、放送、上映、展示が禁止された著作物の著作権は保護されない（第6条）。

　外国人の著作権は、北朝鮮が締結した条約に加入した国の場合、その条約に基づいて保護され、締約国ではない国の場合、該当国の法人または個人が北朝鮮で初めて著作物を発表した場合にのみ保護される（第5条）。

(3) 著作権者の権利

　北朝鮮の著作権法上、著作権者は著作物に対する人格的権利と財産的権利を有し、その具体的な内容は以下の通りである（第14条、第15条）。

[著作権者の人格的権利]

1. 著作物の発表を決定する権利

2. 著作物に対し名を明かす権利

3. 著作物の題目、内容、形式等を修正させない権利

[著作権者の財産的権利]

1. 著作物を複製、公演、放送する権利

2. 著作物の原作と、複製物を展示、配布する権利

3. 著作物を編作、編曲、脚色、潤色、翻案、翻訳などの方法で改作し、新しい著作物を作成する権利

4. 著作物を編集する権利

　公衆送信や伝送権は明示されていないが、一般的に通用する著作権の種類がほとんど明示されている。

　著作権者の財産的権利は、全部または一部を譲渡したり、相続することができる。ただし、財産的権利を他国の法人または個人に譲渡しようとする場合には、該当機関の承認が必要である（第21条）。

　著作物に対する財産的権利は、著作物が発表された時から創作者の死亡後50年まで保護される（第23条）。

　著作権者は、著作物を利用することができ、著作権者の許可を受けた者も著作物を利用することができる（第27条）。機関、企業所、団体に所属された公民が

職務の遂行しながら創作した著作物は、その機関、企業所、団体が優先的に利用することができる（第28条）。

(4) 権利侵害時の救済策

発表用で提出された他人の著作物を模倣したり、盗作することは禁止されている（第44条）。また、著作権、著作隣接権を侵害した場合は、それにより発生した損害を補償しなければならない（第46条）。著作権法に違反して著作権事業に重大な結果を及ぼした者は、情状により行政的又は刑事的責任を負担する（第47条）。

外国人出入・滞在・居住 XIII

01. 序論

02. 外国人の入国・出国

03. 外国人の滞在・居住・旅行

北朝鮮投資ガイド

01 序論

　北朝鮮は、出入国法に基づき外国人の出入国を規制している。ただし、特殊経済地帯の出入、韓国人、在日朝鮮公民の場合は、別途規制する。北朝鮮に出入しようとする外国人は、他の北朝鮮住民と同じくパスポート、船員証、査証等の出入国証明書を所持しなければならない。原則として、外国人の出入国、滞在、居住、旅行に関する手続は、本人が進めなければならないが、公務で入国する外国人の場合、招待機関、北朝鮮に駐在する大使館、公使館など各国の代表機関が行うことができる。北朝鮮で外国人出入国業務を担当する機関は、外務省、出入国事業機関である。

02 外国人の入国・出国[146]

(1) 外国人の入国

　外国人は、共和国外務省、出入国事業機関が発行する査証を所持し、入国しなければならない。北朝鮮とノービザ合意をした国の国民、公務で国境地域旅行証明書を持っている外国人は、招待機関の同意を受け、査証なしで入国することができる。

　具体的に、北朝鮮へ入国するためには、まず、各国に駐在する北朝鮮領事代表機関にて査証発給の申請をしなければならない。招待機関がある場合、当該機関に査証発給の申請を依頼することもできる。以後、出入国する地点で当該出入国証明書に通行監視機関の確認を受ける。

　船員証を持っている外国人は、査証を持たずにも定められた港で入国することができる。貿易船と国際旅客船の船長は、船が港に到着すると、船員と旅客の名簿を通行検査機関に提出しなければならない。国境地域旅行証明書を保有している外国人は、定められた国境地域に限って入国することができる。国境地域に入国した後、北朝鮮内の他の地域に移ろうとする場合、該当出入国事業機関の承認が必要となる。朝鮮民主主義人民共和国観光証の発給を受けた外国人は、査証なしで入国することができる。観光証の発給は、他の国に駐在する北朝鮮の観光代表機関及び外交領事代表機関が担当する。

　羅先経済貿易地帯を事業場の用務、観光、私的用務で訪問しようとする外国人（海外朝鮮同胞を含む）、または外国代表団は、地帯内の機関、企業所、団体（地帯内に設立された会社、支社、事務所を含む）、個人から招待されたり、他の国にある北朝鮮の外交代表機関又は領事代表機関、観光代表機関が発行した観光証がある場合、査証なしで出入することができる[147]。

146）朝鮮投資法276~284頁参考。

147）Investment Guide to the DPRK, 28頁。

216　北朝鮮投資ガイド

入国が禁止された外国人は、次のように規定されている。文言があいまいで解釈の余地があり、具体的な先例を確認しにくいため、予測可能性が低い。

① 共和国の自主権を侵害した者
② 当該機関が共和国の安全と社会秩序を侵害できると認められる者
③ 伝染病患者

(2) 外国人の出国

北朝鮮内で滞在、居住していた外国人が、北朝鮮から出国して帰国する場合には、出入国事業機関にて滞在、居住登録を削除する必要がある。また、長期滞在、居住していた外国人は常駐外国人滞在証、外国人証を返却しなければならない。長期滞在、居住していた外国人が北朝鮮の外部へ旅行をする場合にも、常駐外国人滞在証と外国人滞在証を該当出入国事業機関に提出しなければならない。

船員証を所持している外国人は、原則として定められた港で、船で出国しなければならない。但し、外務省の承認を受けた場合には、該当出入国事業機関を通じて査証手続をし、飛行機や列車で出国することができる。

03 外国人の滞在・居住・旅行

(1) 外国人の滞在

外国人の滞在は、短期滞在と長期滞在に分類される。入国した日から90日までの滞在を短期滞在、それ以上の滞在を長期滞在と定義している[148]。北朝鮮に入国した外国人は、目的地に到着した時から48時間以内に滞在登録をしなければならず、パスポート又は査証に確認を受けなければならない。公務で入国した場合、該当する道、直轄市の出入国事業機関に滞在登録をし、国境地域市、郡の出入国事業機関にも登録をすることができる。長期滞在をする外国人は、滞在目的に応じて常駐外国人滞在証の発給を受けることができる。

次に掲げる者は、滞在登録の義務を免除される。

① 国会政府代表団など、高位級代表団の構成員
② 北朝鮮に駐在する他国、国際機構代表団の構成員と家族
③ 国境地域に入国し、宿泊せずに当日出国する外国人
④ 港へ停泊した外国人船員
⑤ 当該機関が定める外国人

長期滞在をする外国人が居住地を移す場合、居住地移動の承認を受けなければならない。また、承認を受けた日から7日以内に移動手続をし、新たに滞在する地域の出入国事業機関に滞在登録をしなければならない。

---

148) Investment Guide to the DPRK, 29頁。

(2) 外国人の居住

　外国人は、該当機関の承認を受け、居住することができる。承認を受けた外国人は、居住する地域の出入国事業機関に居住登録をし、外国人証を受領する。居住地を移そうとする場合には、退去登録をしなければならず、退去登録をした日から25日以内に新たに居住する地域の出入国事業機関へ居住登録をしなければならない。外国人は、常駐外国人滞在証、外国人証の有効期間が終了する10日前までに有効期間の延長申請書を該当出入国事業機関に提出し、新しい有効期間は、中央出入国事業機関の決定に従う。

(3) 外国人の旅行

　北朝鮮内で旅行をしたい外国人は、該当出入国事業機関に申請し、旅行証の発給を受けなければならない。ただし、北朝鮮駐在の外国、または国際機構代表機関の構成員、北朝鮮の招請機関の職員と同行する場合には、旅行証の発給が必要ではない。旅行証の発給申請は旅行に行く5日前、旅行制限地域に行く場合には、10日前にしなければならない。

　旅行中に該当出入国事業機関に到着し、出発確認を受け、宿泊登録までしなければならない。公務で旅行する外国人の宿泊登録は、ホテルなど該当宿泊施設で行うことができる。新たに入国する外国人が自然災害、疾病などの事由で、目的地ではない地域に48時間以上滞在する場合には、その地域の出入国事業機関にて途中滞在登録をしなければならない。

(4) 経済特区での滞在及び居住

　北朝鮮は現在、5つの経済特区を運営しており、経済特区の特性上、部外者のより自由な往来と滞在、居住を別途規律している。羅先経済貿易地帯の外国人出入、滞在規定、金剛山国際観光特区の出入、滞在、居住規定、開城工業地区の出入、滞在、居住規定などがこれに該当する。

　たとえば、羅先経済貿易地帯の場合、地帯出入を数回繰り返そうとする外国人は、出入国事業機関に申請し、多回出入証、車の通行証の発給を受けること

ができる[149]。

149) 羅先経済貿易地帯外国人出入及び滞在規定第10条。

貿易 XIV

01. 対外貿易に関する北朝鮮法制の概要

02. 対外貿易に関する北朝鮮への経済制裁概要及び経過

03. 対北交易の手続及び実務上の留意事項

北朝鮮投資ガイド

01 対外貿易に関する北朝鮮法制の概要

(1) 憲法及び関連法律

　北朝鮮の憲法は、「朝鮮民主主義人民共和国の対外貿易は、国家機関、企業所、社会協同団体が行う」と規定し、対外貿易の主体が国家機関、企業所、または社会協同団体に限定されることを明示している（第36条）。

　対外貿易に関する北朝鮮の法律として、外国人投資法、外国人企業法、合作法、合営法、貿易法、加工貿易法、税関法、輸出入商品検査法、対外経済仲裁法等がある。特に、2000年代に入り、北朝鮮は貿易法、税関法、加工貿易法等貿易関連の法律を整備した。貿易法は、計画統制の下で生産単位の企業所及び団体の自律性を拡大する方向で改正され、税関法には国家が奨励する物品、外国人投資企業の生産原料、副資材等輸出入物品の減免根拠が明示された。2000年には韓国、北朝鮮と北中間委託加工交易の手続について規定した加工貿易法が制定された。

　北朝鮮は計画経済国家であり、輸出・輸入量及び種類に対する計画、管理制御の他、価格及び代金決済方法についても事前、事後統制が行われるが、これについては対外貿易に関する代表的な法令である貿易法と加工貿易法の主な内容を一緒に検討する 。

(2) 貿易法

ア. 貿易法の基本原則

　貿易法は多角化、多様化の原則、信用遵守原則、契約規律遵守の原則などを北朝鮮における対外貿易の主要な原則として規定している（法第3条ないし第5条）。ただし、特殊経済地帯の貿易事業は、貿易法を適用せず、該当法規に従う

XIV. 貿易　223

（法第10条）。

イ. 貿易に関する営業許可の取得

　貿易会社は、名称と機構、規約、業種、指標、営業場所、資金源泉、必要な専門家と保障成員（支授人員）、対外市場で実現できる商品の商品生産基地、技術、サービス源泉をその設立要件とする（法第12条）。

　貿易取引をしようとする機関、企業所、団体は、中央貿易指導機関（貿易省）に営業許可申請書類を提出しなければならない。中央貿易指導機関は、営業許可申請書類を検討し、承認の可否を決定する（法第13条）。

　貿易に関する営業許可を受けた機関、企業所、団体が業種や指標を変更するには、中央貿易指導機関に申請して変更登録をし、営業許可証に確認を受けなければならない（法第21条）。貿易に関する営業許可を受けた機関、企業所、団体は、貿易取引のため、他の国や地域に支社、事務所、出張所を設立し運営することができ、この場合、中央貿易指導機関を通じて内閣の承認を受けなければならない（法第20条）。

ウ. 貿易引取に関する規制

　貿易に関する営業許可を受けた機関、企業所、団体は、取引に関する契約を正確に締結し、これを遵守しながら貿易取引をする義務を負う。重要な貿易契約を締結しようとする場合、当該契約書を中央貿易指導機関に提出して審議を受けなければならない（法第16条）。ただし、貿易法は重要貿易契約の定義規定を置いておらず、審議対象である重要貿易契約の範囲を特定することは難しい。

　該当機関、企業所、団体は、営業許可を受けた範囲での貿易取引をしなければならず、許可されていない業種、指標の貿易取引をすることはできない（法第15条）。貿易に関する営業許可を受けた機関、企業所、団体は、承認された業種と指標で他の機関、企業所、団体の委託を受け貿易取引を行うことができ、この場合、契約を締結しなければならない（法第17条）。資金取引は、定められた銀行を通じて行われ、その支払いは代金決済方法による（法第18条）。国家計画機関で計画化した現物指標の貿易取引価格と運賃は、中央貿易指導機関の承認対象であるが、他の指標に関する貿易取引価格と運賃は、該当機関、企業所、団体が自主的に定め、その機関に登録する（法第19条）。

　貿易取引の過程で、他の機関や企業所、団体、公民の著作権や工業所有権を侵

害してはならず、（法第22条）、銀行担保書などの法的担保書類を受けずに相手に前払金を支払ったり、商品、技術、サービスを提供してはならない（法第23条）。

エ. 営業許可の取消等

営業許可証を受けた日から3年間輸出実績がない機関、企業所、団体の営業許可証は、中央貿易指導機関が回収することができる（法第24条）。貿易に関する営業許可を受けた機関、企業所、団体が統合されたり、解散された場合には、中央貿易指導機関に営業許可証を返還しなければならない（法第27条）。営業許可を受けた機関、企業所、団体が分割される場合には、債権、債務もそれに合わせて分け、統合される場合には、統合後に存続する機関、企業所、団体に移転される（法第26条）。

オ. 貿易計画

北朝鮮は計画経済国家であり、対外貿易も、中央単位の計画に基づいて行われる。貿易計画は、輸出計画と輸入計画、輸出品と輸出協同品の生産計画、貿易貨物輸送計画で構成され、毎年、国家計画機関が、その翌年の貿易計画を該当機関、企業所、団体に示達する（法第29条）。ただし、貿易に関する営業許可を受けた機関、企業所、団体は、予備数字と計画数字を明示し、その翌年の貿易計画のドラフトを国家計画機関に提出する。国家計画機関は、国家戦略の指標と制限指標を確定して計画し、その他の指標は、輸出入額として計画し、内閣の承認を受ける（法第30条）。

該当機関、企業所、団体は、国家計画機関が現物指標として計画化し、示達した貿易計画を月別に分割作成する。また、その他の指標は国家計画機関が計画化した輸出入額上の範囲で自主的に計画化し、上級機関の承認を受けて実行する。上級機関の承認を受けた月別の貿易計画は、中央貿易指導機関にて登録する（法第31条）。

機関、企業所、団体は、国家計画機関が示達した輸出入総額の範囲内で、輸入指標は承認された業種に合わせ、輸出指標は、承認された業種と自体輸出基地で生産した指標として定め、執行する。また、その結果を国家計画機関、該当貿易指導機関、統計機関に適時報告しなければならない（第32条）。

貿易貨物輸送計画は、該当機関、企業所、団体が品種別、輸送手段別、区間別に分け、年間、四半期、毎月の計画を国家計画機関に提出する。国家計画機関

XIV. 貿易　225

は、年間貨物輸送計画を四半期ごとに作成し、交通運輸機関及び該当機関に示達する（第33条及び第34条）。該当機関と企業所、団体は、貿易貨物輸送計画に基づき、交通運輸機関と月ごとに貿易貨物輸送契約を締結しなければならない。

　貿易計画は、承認を得ずには変更されない。貿易計画を変更しようとする機関、企業所、団体は、国家計画機関から事前承認を受けなければならない（第35条）。

カ. 輸出入の制限等貿易規制

　国家計画機関と中央貿易指導機関は、輸出入の制限、禁止リストを作成し、内閣の承認を受けた後、該当機関に通知しなければならない（法第42条）。

　輸出入を制限する場合は、次のとおりである（法第40条）。
- 国内需要の確保、自然富源（自然資源）及び環境保護に必要な場合
- 人民経済の発展に支障を与える可能性がある場合
- 国際収支と貿易収支の均衡を確保しなければならない場合
- 該当条約及び協定に基づき、輸出入を制限しなければならない場合

　輸出入を禁止する場合は、次のとおりである（法第41条）
- 国の安全と社会公共の秩序を侵害する可能性がある場合
- 人の命に被害を与える可能性がある場合
- 環境保護と動植物の生長に危険を発生させる可能性がある場合
- 経済的実利が保障されない場合
- 該当条約、協定に基づき、輸出入を禁止しなければならない場合

　輸出入が制限される商品を承認なしで輸出したり、又は輸出入が禁止される商品を輸出入する場合、貿易取引を停止させ、営業許可証を回収する（第49条）。

(3) 加工貿易法

ア. 加工貿易の概念

　北朝鮮の加工貿易法は、加工貿易を委託加工貿易と保税加工貿易に区分する。北朝鮮の加工貿易法によると、委託加工貿易は、外国企業から原材料、半製品、

部分品を受け、要求通り加工、組立し、加工費を受ける加工貿易を意味する。また、保税加工貿易は、外国企業から原材料、半製品、部分品を税関の監督の下で、無関税で輸入し、それを加工、組立して輸出する加工貿易を意味する（加工貿易法第3条）。

イ. 加工貿易の許容地域

加工貿易は、北朝鮮内の複数の地域で許可されるが、保税加工貿易は羅津—先鋒経済貿易地帯などの特殊経済地帯でのみ可能である（加工貿易法第4条）。

ウ. 加工貿易の対象選定及び加工貿易申請の審議

加工貿易は、国家または社会協同団体の貿易会社が行い、必要に応じて工場、企業所もすることができる。ただし、この場合、該当上級機関と協議しなければならない（第5条）。加工貿易をしようとする貿易会社と工場、企業所は、まず、加工貿易の相手を選定しなければならない。加工貿易の相手方を選定する際には、その要件に特別な制限があるわけではなく、信用性や潜在性、収益可能性、科学技術の発展や設備更新に役立てる可能性、国際市場での需要の高さを一応の基準とする（加工貿易法第8条）。

加工貿易の相手方として選ばれた外国企業と契約を締結する前に、品名、数量、生産保証期間、商標、原産地名、加工費と支払方法等を書面で合意しなければならない（第9条）。

加工貿易をしようとする貿易会社と工場、企業所は、中央貿易指導機関（羅先経済貿易地帯のような特殊経済地帯では地帯管理運営機関、例えば、羅先市人民委員会）に加工貿易申請書を提出し、中央貿易指導機関は申請書を審議して15日以内に審議結果を通知しなければならない（加工貿易法第11条及び第13条）。

加工貿易申請書に明示される事項は、委託加工貿易の場合には、貿易会社や工場、企業所の名称と所在地、業種、相手方であるの外国企業の名称と所在地、外国企業から提供される原料、半製品、部分品の仕様、加工、組立する製品名と数量、生産保障期間、加工能力、経済技術打算資料、加工費と計算基礎資料などである。保税加工貿易の場合、保税区域、保税加工を行う工場または企業所の名称と所在地、業種、加工能力、輸入する原材料、半製品と部分品の仕様、輸入額、加工製品名と数量、設備及び技術の状態、収益性打算資料、輸出実現担保資料などである（第11条）。

XIV. 貿易　227

加工製品を生産できる能力を備えていない場合、加工費が低く定められた場合、または国家安全保障と社会の共同の利益が阻害される可能性があると判断された場合、加工貿易の承認をすることができない（第12条）。

エ. 加工貿易契約の締結及び履行

貿易会社と工場、企業所は加工貿易申請が承認されたあと、正式に外国企業と加工貿易契約を締結しなければならず（加工貿易法第14条）、契約締結日から5日以内に税関登録をしなければならない（加工貿易法第16条）。

委託加工貿易契約書には、契約の当事者、原料、半製品、部分品の仕様と数量、加工、組立する製品名と数量、商標、原産地名、生産保障期間、加工費の規模と支払方法、違約責任及び損害賠償、紛争解決などの内容が含まれなければならない。保税加工貿易契約には、契約当事者、取引商品名と数量、規格、品質、価格、製品を交換する方法、違約責任関係などが含まれなければならない（第15条）。

加工貿易契約の履行を担保するため、貿易会社、工場、企業所は外国企業に対し履行保証金の提供を求めることができる（加工貿易法第17条）。

加工貿易契約の当事者は、相互協議により契約の内容と期間を変更することができるが、その内容を加工貿易審議機関と税関に通知しなければならない（第21条）。

外国企業は、製品が契約条件と合わない場合、加工組立品の受領を拒絶することができ、この場合、貿易会社と工場、企業所は違約金を支払わなければならない（加工貿易法第19条）。逆に外国企業が受領を遅滞した場合、貿易会社と工場、企業所は、違約金や保管料を請求することができ、納品期限から3ヶ月が経過したときには加工組立品を販売処分することができる（加工貿易法第20条）。

オ. 加工貿易企業の経営

加工貿易に必要な原材料、半製品、包装材、機械設備、経営用の物資については、輸入許可を受ける必要がなく、関税も適用しない（第24条）。貿易会社と工場、企業所は加工貿易で得た収入の中で定められた分を国に納めなければならず、契約相手方から提供を受け加工貿易に使用する機械設備及び輪転機材のような固定資産は、減価償却金の納付対象から除外される（第27条）。

加工貿易をする貿易会社と工場、企業所は加工貿易で得た外貨を流用したり、外国に預金する行為、承認を得ずに業種、指標を変更したり、増やす行為、加工

組立品を国内に販売する行為、加工用材料を流用する行為をしてはならない（第29条）。国家的措置により加工用材料を他の用途で使用したり、加工品を国内で販売する場合、契約の相手と事前に合意をした後、これを該当税関に通知しなければならない（第30条）。

　加工貿易の業種を変更しようとする貿易会社、工場及び企業所は、加工貿易審議機関に変更申請をしなければならず、審議機関は10日以内に審議し、その結果を申請者に通知しなければならない（第31条）。貿易会社、工場及び企業所は、提供の加工、組立の際、他の国の企業の技術的支援を受けることができ、また外国企業の品質調査員を滞在させられ、加工設備の交換や修理のため搬出入することができる（第33条及び第34条）。

　加工貿易企業の経営期間は、加工貿易契約期間と同じである。加工貿易契約期間が終了したり、その他の事由で加工貿易の承認が取り消された場合には、取り消された日から5日以内に該当税関にて登録取消をしなければならない。

カ. 加工貿易事業に対する指導・監督

　加工貿易事業は、内閣が総括し、中央貿易指導機関及び特殊経済地帯管理運営機関が管理・監督する（第37条）。

　貿易会社と工場、企業所が、加工用材料を流用したり、加工品を国内で販売したり、外貨を流用または海外に預金させたり、加工貿易の業種を変更または拡大させて加工貿易事業に支障をもたらした場合には、営業を停止させたり、または加工貿易承認を取り消し、物資を没収し、罰金を科す（第40条）。

XIV. 貿易　229

対外貿易に関する北朝鮮への経済制裁概要及び経過

(1) 国際連合安全保障理事会決意による対北制裁

　国連安全保障理事会は、2016年、2回にわたって対北朝鮮制裁を発表したのに続き、2017年には4回の制裁を発表した。国連安全保障理事会の対北朝鮮制裁は、回数を重ねながら継続的に強化され、制裁対象範囲も拡大された。国連安全保障理事会の制裁措置のうち特に注目すべきものとしてUNSCR2371号（2017年8月5日）とUNSCR2375号（2017年9月11日）、UNSCR2397号（2017年12月22日）がある。

　UNSCR2371号は北朝鮮からの無煙炭、鉄、鉄鉱石、鉛、鉛鉱石、水産物の輸入を全面禁止するものであり、北朝鮮からの海外派遣労働者に対する雇用の凍結、新規合弁事業の禁止、既存事業の拡大禁止などを主な内容とする。

　UNSCR2375号は、北朝鮮の原油及び精製石油製品の年間輸出総量を制限し、NGLとコンデンセートの対北朝鮮輸出を全面禁止する一方、北朝鮮からの織物及び衣類製品の輸入を禁止した。UNSCR2375号は、その他に、海外派遣北朝鮮労働者に対する新規就業許可の制限及び既存の派遣労働者に対するビザ更新の禁止、北朝鮮との合作事業の禁止に続き、既存の合作事業の閉鎖（120日以内）、貨物の移動制裁、北朝鮮船舶の公海上での貨物移動禁止などを主な内容とする

　UNSCR2397号は、北朝鮮労働者の本国送還（12ヶ月以内）、原油及び石油製品の対北朝鮮輸出目的及び数量制限、食品及び農産物、機械、電子機器、土石流、木材、船舶輸入の全面禁止等をその内容とする。

(2) 米国、中国、日本等個別国家の対北経済制裁

　国連安全保障理事会の対北朝鮮制裁と共に、米国、中国、日本等の北朝鮮に対する経済制裁も一層強化された。特に米国の場合、2017年8月にイラン及びロシ

アと共に北朝鮮に対する統合制裁法（H.R.3364、2017年8月2日）を制定する一方、行政命令13810号（2017年9月22日）を発表し、制裁対象者の要件と範囲、制裁対象取引の範囲を拡大した。

　例えば、行政命令13810号は、北朝鮮を訪問した船舶と航空機が180日間米国に入国することを禁止し、北朝鮮と貿易に関する重要な取引をしたり、これを可能にすることで知られている外国金融機関を制裁対象に含ませた。

(3) 韓国の対北経済制裁の根拠法規及び違反による制裁

　韓国は「国際平和と安全の維持等の義務を履行するための貿易に関する特別措置告示」（以下「特別措置告示」）、「対北戦略物資の搬出承認手続に関する告示」、「搬出及び搬入承認対象品目と承認手続きに関する告示」、「国際平和と安全の維持などの義務履行のための支給と領収許可に関するガイドライン」（以下「支払及び領収許可指針」）など、対北朝鮮交易関連禁輸品目、許可事項及び制裁対象に関する事項を明示している。

　特別措置告示等に違反し、第三国を経て禁輸品目を北朝鮮と取引したことが摘発された場合には、対外貿易法に基づき、5年以下の懲役又は物品価額3倍以下の罰金が課せられる（対外貿易法第53条第2項第1号）。支給と領収許可ガイドラインに違反し、韓国銀行総裁の許可を受けずに、金融制裁対象者と外国為替の取引をした際、外国為替取引法に基づき、3年以下の懲役または3億ウォン（目的物価額の3倍が3億ウォンを超過する場合には、目的物価額の3倍）以下の罰金に処する（外国為替取引法第27条の2第1項第3号、第15条第2項）。

03 対北交易の手続及び実務上の留意事項

(1) 対北交易に関する許認可等の手続

ア. 韓国の対北交易関連承認等の手続

　北朝鮮との貿易をしようとする大韓民国の国民及び在外国民は、北朝鮮住民接触申告（必要な場合、北朝鮮訪問承認申請）、接触申告受理（訪問承認）の条件に応じた接触および協議を行わなければならない。その以降、結果報告、契約の締結又は物品販売確約書の作成、「搬出及び搬入承認対象品目及び承認手続に関する告示」第4条の規定による物品等の項目、取引形態、代金決済方法等に関する承認の取得、貨物輸送及び通関関連書類の具備、通関、貿易報告等の手続が必要となる。

　北朝鮮住民接触の申告をせずに、北朝鮮の住民を接触したり、北朝鮮住民と直接接触した結果報告書を提出していない場合は、「南北交流協力に関する法律」（以下、「南北交流協力法」）に基づいて、300万ウォンの過料が課される（第28条の2第1項第2号から第5号）。訪問証明書を発行せずに北朝鮮を訪問した場合には、3年以下の懲役又は3千万ウォン以下の罰金に処し（南北交流協力法第27条第1項第1号）、訪問申告をせずに北朝鮮を訪問した在外国民には、300万ウォン以下の過料が課される（南北交流協力法第28条の2第1項第1号）。

　一方、搬出及び搬入に関する承認には、目的などの条件を付けたり、有効期間を定めることができる。また、項目、取引の形態及び代金の決済方法等に関し、一定の範囲を定めて包括的に承認を受けることも可能である（南北交流協力法第13条第3項及び第4項）。承認を受けずに物品などを搬出したり、搬入した場合には、3年以下の懲役、または3千万ウォン以下の罰金に処する（南北交流協力法第27条第1項第3号）。

232　北朝鮮投資ガイド

交易対象物品等を搬出または搬入する場合、税関に提出する通関書類及び確認の手順は、一般的な輸出・輸入手続と同じである。ただし、北朝鮮産物品の搬入を申告する際、当該物品の原産地証明書等の関連書類を税関に提出し、確認を受けなければならない。原産地証明書は、北朝鮮の朝鮮民族経済協力連合会が発行したものであり、発行日から1年以内のものでなければならない。通関をした後は、搬出及び搬入承認条件に基づき、取引の結果を報告しなければならない（南北交流協力法第15条第3項及び第4項）。交易の結果を報告しなかった場合には、300万ウォン以下の過料が課される（南北交流協力法第28条の2第1項第4号）。

イ. 北朝鮮との対南交易関連承認等の手続

対南交易の原則については、「北南経済協力法」で主に規律している。北南経済協力法は、北朝鮮と韓国の間で行われる交易及び賃加工のほか、建設、観光、企業経営、技術交流、銀行、保険、通信、サービス、輸送等あらゆる分野において包括的に適用され、北朝鮮の機関や企業所、団体をその対象とする。北南経済協力法に基づく北南経済協力の指導機関は、中央民族経済協力指導機関であり、中央民族経済協力指導機関は、北南経済協力計画の作成、申請書の受付と承認、北南経済協力に関する合意書及び契約書の検討、北南経済協力物資の搬出入に関する承認、原産地証明書の発給などの業務を遂行する（第6条）。

北朝鮮の物資を搬出、搬入したり、その他の方法で、北朝鮮との貿易をしようとする韓国の法人または個人は、中央民族経済協力指導機関に申請書を提出し、承認を受けなければならず、申請書を提出するときは公証機関が発行した信用担保文書を提出しなければならない（北南経済協力法第11条）。中央民族経済協力指導機関は、申請書を受けた日から20日以内にそれを承認するかを決定する（第12条）。

南側当事者が、取引等のため、北朝鮮を出入しようとする際には、南北政府間合意による証明書を持参しなければならず、南北の政府間別段の合意がない限り、通行検査、税関検査及び衛生検疫等の検査と検疫を受けなければならない（第13条及び第14条）。

南側の当事者が北朝鮮で企業を経営するため人材を採用しようとする際には、北朝鮮の住民を優先採用しなければならず、韓国の住民または第三国の人材を採用しようとする時には、中央民族経済協力指導機関の承認を受けなければならない（第17条）。

XIV. 貿易　233

北南経済協力物資の搬出入に関しては、中央民族経済協力指導機関の承認を受けなければならない（第18条）。北南経済協力物資には、関税を賦課しないが、他の国から輸入した物資を北朝鮮に販売する目的で工業地区及び観光地区に搬入した時には、関税が賦課される（第19条）。

北南経済協力に関する決済業務は、定められた銀行で行い、支払いの方法は、南北政府の合意により定める（第21条）。北南経済協力法に違反した場合、事業の中止、罰金の賦課等の行政的責任を負わせ、違反の程度が過重である時には刑事処罰する（第26条）。

(2) 北朝鮮での対外貿易実務 - 商取引の慣行

ア. 北朝鮮の対外貿易構造及び環境の変化

南北交流協力支援協会の2016年度15カ社北朝鮮貿易・経済協力業体代表及び実務者代表との実務面談結果によると、交易成功のための代価金額要求、交易契約書に記載された物品価格の一方的な引き上げ、納期及び品質の問題等について韓国側がクレームを提起する場合、これを無視したり、取引関係を断絶するという意思表示をするなど、契約履行について無責任な態度で一貫することなどが一般的な問題点として指摘された。制度の問題よりは、制度外の問題が主な障害要因として指摘されているのである。

これは、2000年代中半以降、北朝鮮の相次ぐ弾頭ミサイル発射と核実験により、国際社会の対北朝鮮経済制裁が強化されるにつれ、密貿易や、北朝鮮の内部市場など非公式的な取引方式が活性化されたことに起因するが、1992年の地方貿易システムが導入され、地方人民委員会傘下の生産単位企業所が個別的に直接貿易取引を行うことができるようになり、公貿易の割合が縮小され、物々交換に基づいた非公式貿易や国境貿易の割合が高くなったことも、一定の影響を及ぼしているものと見られる。

2006年、北朝鮮のテポドン2号ミサイル発射実験により、国連安全保障理事会は、UNSCR1718号で核とミサイル関連物資、商品、技術、支援に関し北朝鮮への移転を禁止するのを主な内容とする制裁を決議し、日本は北朝鮮の日本人拉致事件により対北朝鮮輸出の禁止を決定した。2010年3月の天安艦事態で触発された5.24措置により南北交易が中断され、2016年2月10日北朝鮮の第4次核実験に伴う開城工業団地の稼働中断措置により、現在、韓国と北朝鮮の間での貿易は全面

中断された状態である。これにより陸路で物資を移動することができる中朝国境地域の取引が活性化され、北朝鮮の対外貿易で中国が占める割合は2015年基準91.3%に達することになった。

北朝鮮の対外貿易で中国が占める割合が圧倒的に増加し、密貿易や変更貿易など非公式的な貿易への依存度が高まるにつれ、中国特有の「関係慣行」が北朝鮮にも一定の影響を及ぼしたという分析がある。つまり、資本や信用が不足した状況で、非公式な人間関係に基づいて取引を開始し、反復的な取引を通じて信用と資本を蓄積することにより、公貿易の範囲を拡大させたり、または公貿易の当事者として結んだ人間関係に基づいて、私的な取引をすることにより、富を蓄積する方式が一般的に好まれているということである。これは、中国開放初期またはロシアの市場経済導入初期において、起業家の形成過程と大きく変わらない。

イ. 貿易に関する営業許可 – ワーク（와크）に対する理解

北朝鮮では、貿易に関する営業許可を受けた機関、企業所、団体のみが許可された業種と指標に基づいて輸出入に関する活動をすることができる（貿易法第15条）。こういった貿易業種と指標に関する許可証は「ワーク」と呼ばれ、その語源には「手続が完了した文書」という意味である日本語「ワーク（わく）」から由来したという仮説や、「仕事」という意味である英語「ワーク（work）」から由来したという説がある。50年代以降、指定された業種に関する貿易のみ、特定の範囲内で行えるように定めた一種の免許を「ワーク」と呼び始めたと理解される。

公貿易のみ許可し、硬直した運営方式を採っていた90年代以前とは違い、90年代に入りソ連と東欧圏の計画市場経済が崩壊し、北朝鮮が長期的な経済沈滞に陥るにつれ、ワークが乱発されたといわれている。最近の実務では、貿易取引相手が確定され、相手の取引意思が確認された場合、ワークの発行には大きな問題がなく、ワークを借りて貿易取引をすることも少なくないという。

ワークは、貿易会社の社長、新しくワークを獲得しようとする機関等が、中央貿易指導機関（貿易省）または上級機関（中央党）に申請書を提出すると、中央貿易指導機関が国家計画委員会の計画範囲内で審議し、承認することにより発行される。ワークには業種や指標が明示され、実務上、対外経済計画局→価格局→貿易指導局→対外運輸管理局→財政省→貿易銀行→対外商品検査所→（食品の場合）衛生検疫所→税関総局を経て、貿易品目に対する捺印を受けるとワークとし

て効力を持つようになる[150]。上記機関が連名で捺印した証書を提出することにより、税関総局が貿易品輸出入申告書（免状）を受け付け、処理する。ワークには指標（数量）が明示されているが、これは限度の意味を持つものであり、税関総局の管理下に分割出荷することも可能である。ワークの手数料は、取引相手が支払う代金の5.5%が一般的である。

ウ．取引代金の決済方式及び先払い金

改正前の貿易法は、原則として信用状決済を代金決済の方法として定めていたが、90年代以降、北朝鮮と信用状取引は事実上不可能になった。こういった事情を踏まえ、現行の貿易法は「決済は代金決済方法でなければならない」と包括的に規定している。

対北朝鮮経済制裁が本格化される前には、一部の送金為替取引が行われたが、北朝鮮ウォン貨の為替レートの不安と北朝鮮金融機関の低い信用度により、送金手数料が10%以上高く設定されていることが少なくなかった。密貿易や辺境貿易では物々交換の方式が好まれており、現金取引では、中朝国境地域を除いては、概ねドル貨での取引が好まれて言われている。

一方、貿易法は、担保なしに前金を支払ったり、または商品、技術、サービスを提供する行為を禁止しているが、実務では物品の供給や用役提供において相当な規模の前払金の支払いを要求したり、契約締結前に愛国資金または事業担保金名目の寄付金を要求するケースが多いという。

特に、対北朝鮮交易に従事している企業は、相当な規模の前払金を支給した後、北朝鮮側の債務不履行により契約が解除されたり、事実上契約が履行されない場合は、前払金を返還してもらう方法がないため、困難を訴えている[151]。ただし、ロシア側が契約相手方となる場合には、相互の前払金の支払いを必要とせず、通常の取引を行う慣行が成立しているといわれており、取引に関する交渉や契約締結の過程で前払金の規模を減らすか、返還を保障してもらう方法を用意する必要がある。

エ．契約の履行程度及び不履行に対する対応

南北交易業者及び経済協力企業は、契約の履行に対する北朝鮮側の信頼や信用が高くなく、その履行を担保する方策も特段ないことを指摘することが多い。こ

150）南北交流協力支援協会「北朝鮮対外貿易の商慣行分析」（2017年 12月）70頁。
151）南北交流協力支援協会「北朝鮮対外貿易の商慣行分析」（2017年 12月）62-65頁。

れは、体制転換国が市場経済を導入した初期数年間に共通的に直面する問題である。市場経済の理解や認識が不足している状況で、契約当事者としての自覚が不足しており、契約不履行の責任を上級機関やシステムに転嫁する傾向が強いためである。

　例えば、納品期限を違反した場合、電力不足などの外部事情を理由に挙げて責任を回避したり、品質不良または数量不足等の欠陥が発見された場合、瑕疵の補修や損害賠償をするよりも、他の取引を紹介したり、他の取引を通じて損害を補填してくれると口頭で約束するなどで対応するケースが少なくないという[152]。

　特に、対北朝鮮貿易の場合、北朝鮮側から複数の機関や企業所が取引の交渉過程に介入し、契約書に明示できないという理由で口頭での約定、または実際とは違う内容での約定が締結される事例が多い。これにより、契約の履行過程で意見の相違が発生したり、不履行による責任の所在を究明しなければならない場合、実質的な取引当事者を特定するのが難しくなる場合もある。

---

[152] 南北交流協力支援協会「北朝鮮対外貿易の商慣行分析」（2017年 12月）72-75頁。

北朝鮮の経済特区法 XV

01. 北朝鮮経済特区法制の沿革及び体系

02. 北朝鮮の個別経済特区法概観

03. 北朝鮮経済特区法制の構造と内容

北朝鮮投資ガイド

01 北朝鮮経済特区法制の沿革及び体系

(1) 北朝鮮経済特区法制の沿革

　北朝鮮の経済特区法制は、羅先（ラソン）自由経済貿易地帯の指定から始まった。北朝鮮は、1980年代後半、社会主義の崩壊により北朝鮮経済が危機を迎え、自立経済に基づいた戦略が限界にぶつかったことにより、1991年に羅津（ラジン）市と先鋒（ソンボン）郡を羅先自由経済貿易地帯という特殊経済地帯に指定し、外国資本を誘致し始めた。以後、2002年に新義州（シンイジュ）特別行政区基本法、金剛山（クムガンサン）観光地区法、開城（ゲソン）工業地区法を制定し、2011年には黄金坪（ファングムピョン）・威化島（ウィファド）経済地帯法を制定するなど、特殊経済地帯別に立法を行い、経済特区政策を拡大した。金正恩が執権した以後には、各地域の特性に合う開発を行うため、経済開発区法を制定し、経済開発区の創設根拠を定めた。

(2) 北朝鮮経済特区法制の体系

　北朝鮮経済特区の法制は、北朝鮮法典の編制及び各経済地帯の一般法、下位規定、創設経緯、主要投資者、地域的特性などを基準に、大きく①南北交流協力に関する経済特区法制、②外国投資に関する経済特区法制、③経済開発区に関する経済特区法制に分類できる。

[表] 北朝鮮経済特区法制の分類

	南北交流協力関連	外国投資関連	経済開発区関連
一般法	北南経済協力法	外国人投資法	経済開発区法
個別法	開城工業地区法 金剛山観光地区法	羅先経済貿易地帯法 黄金坪・威化島経済地帯法 金剛山国際観光特区法	

XV. 北朝鮮の経済特区法　241

南北交流協力に関する経済特区法制のうち、開城工業地区法制は、開城工業地区法と16個の下位規定、1個の施行細則と51個の事業準則で構成されている。開城工業地区は、北朝鮮の経済特区のうち最も活発に運営されていたので、他の経済特区法制に比べ、下位規定の整備が進んでおり、他の経済特区法制に大きな影響を及ぼした。

　外国投資に関する法制は、大きく「直接投資を規律する規範」と「経済特区を規律する規範」に区分できる。この章では、「経済特区を規律する規範」について述べる。経済特区とは、国内の他地域とは異なる経済貿易活動秩序を持つ地域、即ち、一定地域を国内の他地域と区分されるよう区画を設け、その地域のみ適用される法と規制が制定される地域を意味する。代表的なものとして、羅先経済貿易地帯を挙げられ、羅先経済貿易地帯法を立法した最高人民会議常任委員会が種々の下位規定（合営企業創設及び経営規定、財政管理規定など）を制定し、羅先市人民委員会が施行細則を制定し、管理委員会が準則を制定する。

　経済開発区法に関する経済特区法制は、経済開発区法、下位規定[153]、道人民委員会が制定する細則、管理委員会が制定する準則で構成される予定である。経済開発区は、工業、農業、先端技術、観光、輸出加工区など多様な形態を予定しているが、満浦（マンポ）、清津（チョンジン）、恵山（ヘサン）、鴨緑江（アムノクガン）の「経済開発区」、県洞（ヒョンドン）、興南（フンナム）、渭原（ウィウォン）、清南（チョンナム）の「工業開発区」、北青（ブクチョン）、漁郎（オラン）、粛川（スクチョン）の「農業開発区」、臥牛島（ワウド）、松林（ソンリム）、真島（ジンド）の「輸出加工区」、新坪（シンピョン）、オンソンソム、青水（チョンス）の「観光開発区」、恩情（ウンジョン）の「先端技術開発区」、新義州（シンイジュ）の「国際経済地帯」、康翎（ガンニョン）の「国際緑色示範区」などが指定されている[154]。

---

153) 現在まで制定された下位規定は、経済開発区創設規定、経済開発区管理機関運営規定、経済開発区企業創設運営規定、経済開発区労働規定、経済開発区環境保護規定、経済開発区不動産規定、経済開発区保険規定など計8つがある。今後、税金、出入滞在、企業財政などに関する下位規定の制定が予想される。細則と準則は、現在まで制定されてないものとして知られている。

154) Investment Guide to the DPRK、97〜109頁。

# 北朝鮮の個別経済特区法概観

(1) 開城工業地区法

　開城工業地区には、北朝鮮の様々な法令が適用されている。基本的な法律として、「開城工業地区法」があり、これを具体化する下位規定が現在まで計16個制定されている。下位規定は、「企業創設・運営規定」、「広告規定」、「保険規定」、「不動産規定」、「企業財政規定」、「会計規定」、「会計検証規定」など経済活動と直接関連する内容だけでなく、「労働規定」、「開発規定」、「管理機関設立・運営規定」、「出入・滞在・居住規定」、「自動車管理規定」、「環境保護規定」など経済活動と間接的に関連する内容も幅広く含まれている。開城工業地区の管理運営機関である中央工業地区指導機関と工業地区管理機関でそれぞれ制定する細則及び準則も、開城工業地区に適用される法令を構成している。

　韓国と北朝鮮との間の合意書も開城工業地区に適用されるが、これは、4つの南北経協合意書と開城工業地区に関する合意書に区分できる。

[表] 開城工業地区に適用される南北間合意書

南北経協合意書	開城工業地区に関する合意書
• 南北間二重課税防止 • 清算決済 • 投資保障 • 商事紛争解決	• 開城工業地区通信に関する合意書 • 開城工業地区通関に関する合意書 • 開城工業地区検疫に関する合意書 • 開城工業地区と金剛山観光地区の出入及び滞在に関する合意書

　南北経協合意書は、南北経済協力に対して巨視的かつ制度的な枠を構成する内容を盛り込んでいる。一方、開城工業地区に関する合意書は、南北経協合意書を基に開城工業地区での南北間経済協力活動を共同で規律し、制度的に保障するために必要な細部内容を盛り込んでいる。

開城工業地区を規律する最上位の規範は、開城工業地区法と南北間合意書であり、その効力は対等である。その下には、開城工業地区法の施行のための下位規定、中央工業地区指導機関が作成した施行細則、工業地区管理機関が作成する事業準則の順に規範体系をなしている。

[表] 開城工業地区の法令体系

法令	制定主体
開城工業地区法 / 南北間合意書	最高人民会議常任委員会 / 南北
下位規定	最高人民会議常任委員会
施行細則	中央工業地区指導機関
事業準則	工業地区管理機関

(2) 金剛山観光地区法、金剛山国際観光特区法

ア. 金剛山観光の沿革

日付	事件
1998年6月22日	現代グループと朝鮮亜細亜太平洋平和委員会との間で「金剛山観光のための契約書」を締結
1998年11月18日	最初の観光開始
2002年10月23日	最高人民会議常任委員会政令により、「朝鮮民主主義人民共和国金剛山観光地区の背景について（조선민주주의 인민공화국 금강산관광지구를 내옴에 대하여）」を制定
2002年11月13日	金剛山観光地区法の制定
2008年7月11日	金剛山観光客の襲撃死亡事件発生
2010年4月8日	金剛山地区内の韓国政府及び公共機関が所有する不動産の資産凍結
2010年4月23日	金剛山地区内の韓国政府及び公共機関が所有する不動産資産の没収及び韓国民間企業が所有する不動産の資産凍結
2011年4月8日	現代峨山（ヒュンダイアサン）の独占権取消

日付	事件
2011年4月29日	金剛山観光地区法の廃止
2011年5月31日	金剛山国際観光特区法の制定

イ. 金剛山観光地区法と金剛山国際観光特区法の比較

金剛山観光地区法は、章の区分なく計29条で構成されているのに比べ、金剛山
国際観光特区法は、計6章41条で構成され、金剛山観光地区法に比べ12個条が増
えている。一方、開発業者に対する規定を全て削除し、「経済活動条件の保障」と
いう章を新設し、開発業者ではなく、北朝鮮当局が主導する経済特区法制に性格
が変化した。

[表] 金剛山国際観光特区法と金剛山観光地区法の比較

金剛山国際観光特区法 (2011年5月31日制定)	金剛山観光地区法 (2002年11月13日制定、2011年4月29日廃止)
第4条(投資奨励及び経済活動条件保障原則) 他国の法人、個人、経済組織による投資可能 韓国側及び海外同胞、共和国の該当機関、団体も投資可能 国家は、国際観光特区に対する投資を積極的に奨励、投資家に特恵的な経済活動条件を保障	第21条 韓国側及び海外同胞、他国の法人、個人、経済組織は投資可能
第5条(財産保護原則)[新設] 国家は、投資家が投資した資本と合法的に得た所得、投資家に付与された権利を法的に保護	
第6条(国際観光特区管理の担当者) 中央金剛山国際観光特区指導機関の統一的指導の下で、金剛山国際観光特区管理委員会が担当	第5条 観光地区事業に対する統一的指導は、中央観光地区指導機関が観光地区管理機関を通して施行
第11条(国際観光特区管理委員会の地位) 国際観光特区管理委員会は、国際観光特区を管理する現地執行機関	第12条 観光地区の管理は、中央観光地区指導機関の指導の下、観光地区管理機関が担当
第13条(共同協議機構の組織運営)[新設] 国際観光特区管理委員会、投資家、企業代表者で構成された共同協議機構の設立が可能	第7条 観光地区の開発は、開発業者が担当
第17条(通信手段の利用)[新設] 郵便、電話、ファックス、インターネットなど通信手段を自由に利用可能	

XV. 北朝鮮の経済特区法　245

金剛山国際観光特区法 (2011年5月31日制定)	金剛山観光地区法 (2002年11月13日制定、2011年4月29日廃止)
第18条(観光当事者) 外国人が行う。共和国公民と韓国側及び海外同胞も可能。	第2条 韓国側及び海外同胞が行う。外国人も可能
第19条(観光形式と方法) 登山、遊覧、海水浴、休養、体験、娯楽、体育、治療など多様な形式と方法で自由に観光	第3条 登山、海水浴、休養及び金剛山遊覧
第21条(観光客のためのサービス)[新設] 投資家は、宿泊、食堂　、商店、カジノ、ゴルフ、夜間倶楽部、治療、娯楽などの観光サービス施設の設置及び多様なサービスが可能	
第22条(国際的な行事進行)[新設] 国際会議と博覧会、展覧会、討論会、芸術公演、体育競技など行事進行が可能	
第24条(企業創設)[新設] 下部構造建設部門、旅行業、宿泊業、食堂業、カジノ業、ゴルフ場業、娯楽及び便宜施設業などの観光業に関し、単独又は共同投資により様々な形式で企業の創設が可能	第21条 観光業には、旅行業、宿泊業、娯楽及び便宜施設業などが含まれる。 ソフトウェア事業など、先端科学技術部門への投資も可能
第28条(支社、代理店、出張所の設立)[新設] 支社、代理店、出張所などの設立が可能	
第29条(口座の開設)[新設] 企業及び個人は、観光特区内の共和国銀行又は他国の銀行に口座の開設及び利用可能	
第34条(観光特区での流通貨幣) 転換性外貨で行う。	第24条 転換性外貨を使うことができる。
第35条(外貨の搬出入と送金、財産の搬出) 外貨の自由な搬出入、合法的な利潤及び所得の送金が可能	第24条 外貨の自由な搬出が可能
第36条(税金) 企業と個人は、該当法規で定められた税金を納めなければならない。 飛行場、鉄道、道路、港湾、発電所建設など特別奨励部門企業には、税金の免除又は減免	第8条 開発業者が行う観光地区開発と営業活動には、税金を賦課しない。
第38条(関税免除及び賦課対象)[新設] 特恵関税制度の実施	
第41条(紛争解決) 意見の相違は、当事者間協議により解決 協議で解決できない場合、当事者は合意した仲裁手続又は共和国裁判手続で解決	第29条 意見の相違は、当事者間協議により解決 協議で解決できない場合、南北商事紛争解決手続又は仲裁、裁判手続で解決

(3) 黄金坪・威化島経済地帯法及び羅先経済貿易地帯法

　両法律ともに、開城工業地区と同じく、法令の体系において、特区法、下位規定、細則、準則の順に規定している。そして、両法律ともに準則の作成権限を管理委員会に付与しているが、これも開城工業地区の法制に基づいたものである。

　しかし、他国との間で締結した協定、了解文、合意書のような条約の効力を特区法より優先するように規定した点は、開城工業地区法で「南北間合意書と開城工業地区法の効力が同じ」であると規定したものと違いがある。そして、施行細則の作成権限を中央特殊経済地帯指導機関ではなく、各地域の人民委員会に任した点も、開城工業地区法との相違点であると言える[155]。

　一方、経済（貿易）地帯での北朝鮮法令の適用順序と関連して、経済（貿易）地帯法規を経済（貿易）地帯以外に適用する法規より優先的に適用することを明示し、特別法としての性格を明らかにした。

(4) 経済開発区法

　2013年5月29日に制定された経済開発区法は、2011年に発表された国家経済開発10ヶ年戦略契約を支えるために行われた立法である[156]。経済開発区政策は、選択と集中という方式を通じ、短期的な経済開発の成果を達成しょうとする目的を持っている。北朝鮮は2014年6月、貿易省、合営投資委員会、国家経済開発委員会の3つの機関が分担していた経済特区関連業務を統合し、これを専門的に担当する対外経済省を発足させた。経済開発区の行政は、対外経済省をその頂点とし、道・直轄市人民委員会、各経済開発区別管理委員会の3段階で構成されている。現在まで制定された経済開発区に関する法令の現況と主要内容をまとめると、次のとおりである。

---

155) これは、下記で確認する指導管理機関の体系と関連がある。即ち、開城工業地区では、中央工業地区指導機関が工業地区管理機関を指導する体系が構成されている。一方、黄金坪・威化島経済地帯と羅先経済貿易地帯では、中央特殊経済地帯指導機関と各地域人民委員会が管理委員会を指導する体系が構成されている。

156) 第10条（経済開発区の創設根拠）経済開発区の創設は、国家の経済発展戦略に基づいて行う。

XV. 北朝鮮の経済特区法　247

[表] 経済開発区に関する法令の現況と主要内容

関連法令	制定日付	主要内容
経済開発区法	2013年5月29日	基本、創設、開発、管理、経済活動、奨励及び特恵、紛争解決など
経済開発区創設規定	2013年11月6日	経済開発区の創設と関連する具体的な規定
経済開発区管理機関運営規定		一般規定、管理機関の機構、事業内容、紛争解決
経済開発区企業創設運営規定		一般規定、企業の創設及び登録、経営活動、財政会計、解散、制裁及び紛争解決
経済開発区労働規定	2013年12月12日	一般規定、労働力採用と解雇、労働時間と休憩、労働報酬、労働保護、社会文化施策、制裁及び紛争解決
経済開発区環境保護規定	2014年2月19日	一般規定、自然環境の保存と造成、環境影響評価、環境汚染防止、廃棄施設物の取扱処理
経済開発区開発規定	2014年3月5日	開発計画、開発企業の選定、撤去、開発工事、制裁及び紛争解決
経済開発区不動産規定	2015年7月	不動産の取得と登録、利用、不動産の賃貸料と使用料
経済開発区保険規定	2015年7月	保険契約と保険支社、事務所の設置と運営

03 北朝鮮経済特区法制の構造と内容

(1) 経済特区の開発

ア. 開城工業地区法

　開城工業地区は、共和国の法に基づいて管理、運営される国際的な工業、貿易、商業、金融、観光地域である（法第1条）。地区の開発は、開発業者が地区の土地賃借し、敷地整理と下部構造建設を行い、投資を誘致する方法で行う（法第2条）。

　工業地区の開発は、定められた開発業者が行い（法第10条第1文）、開発業者の指定は、中央工業地区指導機関が行う（法第10条第2文、第22条第1号）。これに基づき、現代峨山（ヒュンダイアサン）とLHが開発者として参加し、そのほかにも、韓国電力公社、韓国水資源公社、韓国環境公団、KTなどが基盤施設の運営のために参加した。

　開発業者は、工業地区の開発の際、中央工業地区指導機関と土地賃貸借契約を結ばなければならない（法第11条）。賃貸期間は、土地利用証を発給した日から50年とし（法第12条第1文）、土地賃貸期間が終わった後でも、企業の申請に基づいて賃借した土地を継続して利用できる（法第12条第2文）。そして、開発業者は、工業地区の土地利用権と建物を企業に譲渡又は再賃貸することができる（法第18条第2文）。

　工業地区の開発は、開発業者が作成し、中央工業地区指導機関が承認した工業地区開発総計画に基づいて施行される（法第13条、第14条）。開発業者は、下部構造を建設し、必要に応じて、電力、通信、用水保障施設のような下部構造対象は、他の投資家と共同で建設したり、又は譲渡や委託の方法で建設することもできる（法第17条）。下部構造対象の建設が終わったら、開発業者は、工業地区開

XV. 北朝鮮の経済特区法　249

発総契約に基づいて企業を配置しなければならない（法第18条）。一方、開発業者は、工業地区で生活用住居建設業、観光娯楽業、広告業のような営業活動を営むことができる（法第19条）。

イ. 黄金坪・威化島経済地帯法及び羅先経済貿易地帯法

黄金坪・威化島経済地帯法は、黄金坪と威化島の開発方式を区分している。即ち、黄金坪経済地帯の開発は、地区別・段階別に行い、情報産業、軽工業、農業、商業、観光業を基本として開発する半面、威化島地区は、威化島開発計画に基づいて開発する（法第3条）。また、黄金坪地区は、開発企業が土地全体を賃借し、総合的に開発して経営する方式で開発する半面、威化島地区は、開発当事者間で合意した方式により開発する（法第13条）。即ち、黄金坪は、開城工業地区のように開発業者が土地全体を賃借し開発する方式を採択しているが、威化島は、「開発当事者間で合意した方式」によると定め、開発方式を確定しないまま、柔軟性を見せている。

これに反して、羅先経済貿易地帯は、一定の面積の土地を企業が総合的に開発して経営する方式、企業に下部構造及び公共施設の建設と管理、経営権を特別に許可して開発させる方式、開発当事者の間で合意した方式のような様々な方式で開発でき、開発企業は、下部構造及び公共施設建設を他の企業を引き入れて行うこともできる（法第13条）。黄金坪・威化島に比べ、開発方式を多様に規定している方である。羅先経済貿易地帯の開発方式を多様に規定した理由は、第一に面積が広く[157]、第二に黄金坪とは違って、中国のみではなく、ロシアなど様々な国の投資を念頭に置いており、第三に全体の開発を任せられる開発業者の選定が容易ではなかったためであると見られる。

一方、開城工業地区法とは違って、黄金坪・威化島経済地帯法と羅先経済貿易地帯法では、経済地帯の開発原則として①経済地帯とその周辺の自然、地理的条件と資源、生産要素の比較優位保障、②土地、資源の節約と合理的利用、③経済地帯とその周辺の生態環境保護、④生産とサービスの国際競争力向上、⑤貿易、投資のような経済活動の便宜保障、⑥社会公共の利益保障、⑦持続的かつ均衡的経済発展の保障を規定している点が特徴的である（各法第11条）。

黄金坪・威化島経済地区での開発企業に対する承認は、中央特殊経済地帯指導

157）開城工業地区の面積は65.7㎢、黄金坪の面積は11.45㎢、威化島の面積は12.2㎢、羅先経済貿易地帯の面積は470㎢である。

機関が管理委員会を通して、開発企業に開発事業権承認証書を発給する方式で行う（法第14条）。開発事業権承認証書を受けた開発企業は、国土管理機関と土地賃貸借契約を結ばなければならない（法第15条）。土地賃貸借契約の相手方が国土管理機関である点から、中央工業地区指導機関が土地賃貸借契約の相手方となる開城工業地区法とは違いがある（このような違いは、下記で確認する羅先経済貿易地帯法においても現れる）。土地賃貸期間は、土地利用証の発給を受けた日から50年までとしており、土地賃貸期間が終わった後も、再び契約を結び、土地を継続して利用できる（法第16条）。経済地帯の下部構造及び公共施設の建設は、開発企業が行うが、他の企業を引き入れて行うこともでき、開発企業は、下部構造及び公共施設に対する特別許可経営権を持つ（法第19条）。開発企業は、開発計画と下部構造建設の進捗に合わせて開発した土地と建物を譲渡、賃貸することができ、この場合、譲渡、賃貸の価格は開発企業が定める（法第20条）。前で確認したように、威化島の開発方式が確定されてない点に照らして見ると、開発方式に関する規定は、黄金坪の開発に関する規定として見るべきだろう。

　羅先経済貿易地帯で開発企業に対する承認は、中央特殊経済地帯指導機関が管理委員会又は羅先市人民委員会を通して、開発企業に対して開発事業権承認証書を発給する方法で行う（法第14条）。管理委員会だけでなく、羅先市人民委員会を通しても承認証書を発給できる点において、黄金坪・威化島経済地帯法とは異なる。土地総合開発経営方式で開発する場合、開発企業は、国土管理機関と土地賃貸借契約を結ばなければならない（法第15条）。前で確認したように、羅先経済貿易地帯は、様々な開発方式を予定しているため、その中で開城や黄金坪のように土地総合開発経営方式で開発する場合には、土地賃貸借契約を結ばなければならないと規定したのである。土地賃貸期間は、土地利用証の発給を受けた日から50年までとし、土地賃貸期間が終了したら、再び契約を結び、土地を継続して利用できる（法第16条）。開発企業は、開発契約と下部構造建設の進捗に合わせ開発された土地や建物を譲渡又は賃貸でき、譲渡や賃貸価格は開発企業が定める（法第18条）。一方、羅先経済貿易地帯法には、「投資家の請負生産方式による農業土地、山林土地、水域土地の開発利用（法第22条）」、「生産に必要な原料、燃料保障のための経済地帯の自然富源開発（法第47条）」の規定を置いて、企業活動の幅を広めており、黄金坪・威化島とは異なる特徴を持っている。

ウ. 経済開発区法

経済開発区では、中央特殊経済指導機関が開発企業の登録、開発事業権承認書の発給等開発企業の承認に関する業務を担当する。外国の法人と個人、経済組織、海外同胞は、単独又は共同で開発当事者となり、承認を受けた北朝鮮の機関や企業所も開発当事者となることができる（法第19条ないし第21条、開発規定第2、3条）。

経済開発区は、該当経済開発区の特性と開発条件に合い、国家経済発展に役立つことができる合理的方式により開発される。具体的な方法は、中央特殊経済地帯指導機関と道・直轄市人民委員会が合意して定めるが、場合によっては、開発企業も開発方式を定める協議対象となることもある。開発企業が土地を賃貸する時には、道・直轄市国土管理機関又は国土管理機関の委任を受けた機関と賃貸借契約を結び、賃貸料を納付した後、土地利用証の発給を受け、管理機関に土地利用権の登録を行わなければならない。賃貸期間は、最長50年とし、再賃貸も可能である（法第23条ないし第26条、開発規定第4条、第23条ないし第25条）。

経済開発区の開発計画は、開発総計画、細部計画、対象計画の段階に区分され、経済開発区の開発を担う開発企業の選定は、道・直轄市人民委員会又は該当機関が行う。開発企業を選定するため、選定機関は、開発対象の名称、開発規模、開発方式、開発期間、総投資額、開発企業が備えるべき条件などを明らかにした開発案を公布し、開発希望者と交渉を進めた後、開発計画を結ばなければならない。開発希望者が複数である時は、交渉、入札、その他の方式で選定する（開発規定第11条ないし第13条）。しかし、開発希望者は、選定機関と開発計画を結ぶ次第直ちに開発企業となるのではなく、単に開発事業権申請資格を取得するに過ぎない。即ち、開発計画を結んだ開発希望者は、選定機関を通じて、中央特殊経済指導機関に開発事業権申請書を提出した後、開発事業権承認証書を受けて管理機関に登録することにより開発企業となる（開発規定第14条ないし第16条）。開発企業は、経済開発区の電力、通信、用水など下部構造の建設を担当する。

開発企業は、経済開発区の土地利用権と建物所有権を取得した場合、管理機関への登録義務を負う。当該権利は売買、再賃貸、贈与、相続又は抵当の対象となり、管理機関に委託することもできる（法第29条及び第30条、開発規定第30条）。

(2) 経済特区の管理(ガバナンス)

ア. 開城工業地区法

開城工業地区の管理運営機関は、中央工業地区指導機関と工業地区管理機関で構成されており、中央工業地区指導機関が工業地区管理機関を指導する（法第5条及び第21条）。中央工業地区指導機関として「中央特殊開発指導総局」が、工業地区管理機関として「開城工業地区管理委員会」が構成されている。

中央工業地区指導機関は、北朝鮮側の管理機関であるが、開城工業地区法ではその構成に関する規定を置いていない。これに比べ、工業地区管理機関、即ち開城工業地区管理委員会は、開発業者が推薦する成員で構成されると規定されている（法第24条第1文）。工業地区管理機関の要求に基づいて、中央工業地区指導機関が派遣する者も工業地区管理機関の成員になることができる（法第24条第2文）。上記条項を具体化した下位規定である「開城工業地区管理機関設立運営規定」では、管理機関の設立を開発業者に委任し、事実上、管理機関の設立及び運営に対する権限を全て開発業者に白紙委任している（規定第2条）。開城工団の開発業者は、現代峨山（ヒュンダイアサン）とLH（韓国土地住宅公社）であり、管理委員会は事実上韓国側の機関である。即ち、管理委員会は形式的には北側の行政機関であるが、韓国側の人員が主導的に権限を行使する機関である。

理事長は、工業地区管理機関の責任者となり、工業地区管理機関の事業全般を組織、指導する（法第26条）。工業地区管理機関は、手数料のような収入金で充当される独自的な運営資金を持つ（法第27条）。これを具体化した「開城工業地区管理機関設立運営規定」によると、工業地区管理機関は管理委員会が定める手数料等の収入と、企業の月労賃総額の0.5%に該当する補充資金を貰い、運営資金として使用できる（法第19条及び第20条）。しかし、これでは運営経費を賄えないので、南北協力基金法第8条第6号[158]に基づく基金を貸出の形式で韓国側から受

---

158) 第8条（基金の用途）基金は、次の各号のいずれかに該当する用途に使用する。
   1. 南北住民の南北間往来に必要な費用の全部又は一部の支援
   2. 文化・学術・体育分野の協力事業に必要な資金の全部又は一部の支援
   3. 交易及び経済分野の協力事業を促進するための保証及び資金の融資、その他必要な支援
   4. 交易及び経済分野の協力事業推進の際、大統領令で定める経営外的事由により発生する損失を補償するための保険
   5. 南北交流・協力を促進するため、両替など代金決済の便宜を提供したり、又は資金を融資

け、運営されている実情である。

中央工業地区指導機関の任務は、開発業者の指定、工業地区管理機関の事業に対する指導、工業地区法規施行細則の作成、企業が要求する労働力、用水、物資の保障、対象建設設計書類の受付・保管、工業地区で生産された製品の北朝鮮での販売実現、工業地区の税務管理、その他国家から委任を受けた事業である（法第22条）。工業地区管理機関の任務は、「投資条件の造成と投資誘致、企業の創設承認、登録、営業許可、建設許可と竣工検査、土地利用権、建物、輸転機材の登録、企業の経営活動に対する支援、下部構造施設の管理、工業地区の環境保護、消防対策、韓国側地域から工業地区に出入する人員と輸送手段の出入証明書発給、工業地区管理機関の事業準則作成、その他中央工業地区指導機関が委任する事業である（法第25条）。

イ. 黄金坪・威化島経済地帯法及び羅先経済貿易地帯法

黄金坪・威化島経済地帯では、経済地帯の管理、運営を中央特殊経済地帯指導機関と平安北道（ピョンアンブクド）人民委員会の指導と傍助（支援）のもとで管理委員会が行う（法第7条）。羅先経済貿易地帯法でも、中央特殊経済地帯指導機関と羅先市人民委員会の指導と傍助（支援）のもとで管理委員会が行う（法第8条）。中央工業地区指導機関が工業地区管理機関を通じて事業を指導する開城工業地区法とは違いがある。即ち、開城工業貿易地帯法での中央特殊経済地帯指導機関の役割を、黄金坪・威化島経済地帯法と羅先経済貿易地帯法では中央特殊経済地帯指導機関と地域人民委員会に二元化したのが特徴である。

[表] 各特殊経済地帯法上の指導管理機関

開城工業地区法	黄金坪・威化島経済地帯法	羅先経済貿易地帯法
中央工業地区指導機関 (第22条)	中央特殊経済地帯指導機関 (第30条)	中央特殊経済地帯指導機関 (第31条)
1. 開発業者の指定	1. 経済地帯の発展戦略作成	1. 経済貿易地帯の発展戦

　　する金融機関に対する資金支援及び損失補填、大統領令で定める金融機関からの非指定通貨引受
6. その他民族の信頼と民族共同体の回復に役立つ南北交流・協力に必要な資金の融資・支援及び南北交流・協力を増進するための事業支援
7. 借入金及び「公共資金管理基金法」に基づく公共資金管理基金からの預り金の元利金償還
8. 基金の造成・運用及び管理のための経費支出

開城工業地区法	黄金坪・威化島経済地帯法	羅先経済貿易地帯法
2. 工業地区管理機関の事業に対する指導 3. 工業地区法規の施行細則作成 4. 企業が要求する労力、用水、物資の保障 5. 対象建設設計書類の受付保管 6. 工業地区で生産された製品の北朝鮮での販売実現 7. 工業地区の税務管理 8. この他に国家から委任を受けた事業	2. 経済地帯の開発、建設と関連する国内機関との事業連係 3. 他国の政府との協調及び連係 4. 企業創設審議基準の承認 5. 経済地帯に投資する国内企業の選定 6. 経済地帯生産品の国内地帯外での販売協力	略作成 2. 経済貿易地帯の開発、建設と関連する国内機関との事業連係 3. 他国政府との協調及び連係 4. 企業創設審議基準の承認 5. 経済貿易地帯に投資する国内企業の選定 6. 経済貿易地帯生産品の国内地帯外での販売協力
	平安北道人民委員会 (第29条) 1. 経済地帯法と規定の施行細則作成 2. 経済地帯開発と管理、企業運営に必要な労力保障 3. その他経済地帯の開発、管理と関連して中央特殊経済地帯指導機関が委任した事業	羅先市人民委員会 (第30条) 1. 経済貿易地帯法と規定の施行細則作成 2. 経済貿易地帯の開発と企業活動に必要な労力保障 3. その他経済貿易地帯の開発、管理と関連して中央特殊経済地帯指導機関が委任した事業
工業地区管理機関 (第25条) 1. 投資条件の造成と投資誘致 2. 企業の創設承認、登録、営業許可 3. 建設許可と竣工検査 4. 土地利用権、建物、輸転機材の登録 5. 企業の経営活動に対する支援 6. 下部構造施設の管理 7. 工業地区の環境保護、消防対策 8. 韓国側地域から工業地区に出入する人員と輸送手段の出入証明書発給 9. 工業地区管理機関の事	管理委員会 (第26条) 1. 経済地帯の開発と管理に必要な準則作成 2. 投資環境の造成と投資誘致 3. 企業の創設承認と登録、営業許可 4. 投資奨励、制限、禁止目録の公布 5. 対象建設許可と竣工検査 6. 対象建設設計書類の保管 7. 経済地帯での独自的な財政管理体系の樹立 8. 土地利用権、建物所有権の登録 9. 委任を受けた財産の管理 10. 企業の経営活動協力	管理委員会 (第27条) 1. 経済貿易地帯の開発と管理に必要な準則作成 2. 投資環境の造成と投資誘致 3. 企業の創設承認と登録、営業許可 4. 投資奨励、制限、禁止目録の公布 5. 対象建設許可と竣工検査 6. 対象設計書類の保管 7. 独自的な財政管理体系の樹立 8. 土地利用権、建物所有権の登録 9. 委任を受けた財産の管理 10. 企業の経営活動協力

開城工業地区法	黄金坪・威化島経済地帯法	羅先経済貿易地帯法
業準則作成 10. その他中央工業地区指導機関が委任する事業	11. 下部構造及び公共施設の建設、経営に対する監督及び協力 12. 経済地帯の環境保護と消防対策 13. 人員、運送手段の出入と物資の搬出入に対する協力 14. 管理委員会の規約作成 15. その他経済地帯の開発、管理と関連し、中央特殊経済地帯指導機関と平安北道人民委員会が委任する事業	11. 下部構造及び公共施設の建設、経営に対する監督及び協力 12. 管轄地域の環境保護と消防対策 13. 人員、運送手段の出入と物資の搬出入に対する協力 14. 管理委員会の規約作成 15. その他経済貿易地帯の開発、管理と関連し、中央特殊経済地帯指導機関と羅先市人民委員会が委任する事業

　法で規定する場合を除いて、他の機関は、管理委員会の事業に関与できないようにし、管理委員会の独立性を強化する規定を置いているのが特徴である（黄金坪・威化島経済地帯法第7条第2文、羅先経済貿易地帯法第8条第2文）。これは、入居企業に対し、経済特区での行政に対して予測可能性を保障するためであると見られる。

　開城工業地区法とは違い、黄金坪・威化島経済地帯法と羅先経済貿易地帯法には、中央特殊経済指導機関はもちろん、管理委員会の構成方法についても規定されていない。ただし、「管理委員会は、委員長、副委員長、書記長と必要な成員で構成する。管理委員会は、経済地帯の開発と管理に必要な部署を置く。」という規定を置いているだけである（黄金坪・威化島経済地帯法第24条、羅先経済貿易地帯法第25条）。

ウ. 経済開発区法

　経済開発区の指導は、中央特殊経済指導機関と道・直轄市人民委員会の権限である。中央特殊経済指導機関は、発展戦略案の作成、外国政府との協力及び投資誘致、中央機関との協業、管理機関の事業指導、企業創設審議基準の検討及び承認、税務管理などの業務を担当する。道・直轄市人民委員会は、管理機関の組織及び指導、施行細則の作成、労働力保障などの業務を担当する（法第33条及び第34条）。

　経済開発区の管理は、現地の執行機関である経済開発区管理機関の権限であり、管理機関は、予算を独自に編成、執行する（法第37条）。管理機関は、開発

総計画と細部計画の実行に関し責任を負う機関であり、開発と管理に必要な準則の作成、投資環境の造成と投資誘致、企業の創設承認と登録、営業許可と関連する審議、竣工検査、土地利用権と建物所有権の登録などの業務を遂行する（法第36条）。

(3) 企業創設及び経済活動

ア．開城工業地区法

投資家が工業地区に企業を創設する際には、工業地区管理機関に企業創設申請書を提出し、承認を得なければならない（法第35条）。企業創設承認を受けた投資家は、定められた出資を行い、工業地区管理機関に企業登録、税関登録、税務登録などを行う（法第36条）。企業の経営活動は、承認を受けた業種の範囲内で行われ、業種を増やしたり、又は変更する場合には、工業地区管理機関の承認を受けなければならない（法第38条）。

企業は、工業地区外の北朝鮮領域で経営活動に必要な物資を購入でき、生産した製品を北朝鮮領域で販売できる（法第39条）。生産した製品を北朝鮮領域で販売する場合には、中央工業地区指導機関を通さなければならない（法第22条第6号）。この時、無関税原則が適用されるのかは不明である。開城工業地区法では、①物資を工業地区に持ち込んだり、②工業地区から韓国側又は他国に持ち出したり、③北朝鮮の機関、企業所、団体に委託、加工する場合に限って、無関税原則を規定しており、「他国から持ち込んだ物資を北朝鮮の他の地域に販売する場合」には、関税を賦課できると規定しているが（法第33条）、「工業地区で生産し、北朝鮮の他の地域で販売する場合」は無関税事項と関税賦課事項のいずれにも該当しないからである。民族内部での取引であるため、これに対する無関税原則を明文化しなければならないという立法論的意見がある。

企業は、工業地区に設立された銀行に口座を置き（法第42条）、外貨を自由に搬出入できる（法第44条）。

人員の採用に関し、企業は、北朝鮮側の労働力を採用しなければならない（法第37条第1文）。しかし、管理人員と特殊な職種の技術者、技能工は、工業地区管理機関に通知し、韓国側又は他国の労働力を採用できる（法第37条第2文）。最低賃金については、法ではなく、下位規定である「開城工業地区労働規定」に規定さ

XV. 北朝鮮の経済特区法　257

れている（規定第25条）。閉鎖直前、開城工団の最低賃金は74米ドルであった。最低賃金は、前年度最低賃金の5%を超過して引上げられず、最低賃金の引上げは、中央工業地区指導機関と合意して定める。

イ. 黄金坪・威化島経済地帯法及び羅先経済貿易地帯法

黄金坪・威化島経済地帯で企業を創設する投資家は、管理委員会に企業創設の申請を行い、承認を受け企業を創設する（法第32条）。企業創設承認を受けた企業は、定められた期日内に企業登録、税関登録、税務登録を行わなければならず、管理委員会に登録された企業は、北朝鮮の法人となる（法第33条）。企業は、北朝鮮の労働力を優先的に採用し（法第36条）、最低賃金は、平安北道人民委員会が管理委員会と合意して定める（法第37条）。企業所得税率は、決算利潤の14%とし、特別に奨励する部門の企業所得税率は、決算利潤の10%とする（法第43条）。特別に奨励する部門とは、「下部構造建設部門、先端科学技術部門、国際市場で競争力が高い商品を生産する部門」である（法第6条）。投資家は、経済地帯に持ち込んだ財産、地帯で合法的に取得した財産を制限なく経済地帯の外に搬出でき（法第47条）、規定に基づいて観光業を行うこともできる（法第56条）。

羅先経済貿易地帯法でも、上記で言及した黄金坪・威化島経済地帯法の規定と同一の内容の規定を置いている。ただし、企業創設申請の受付機関を「産業区内に企業を創設する場合、管理委員会」、「産業区外に企業を創設する場合、羅先市人民委員会」と二元化している点が黄金坪・威化島経済地帯法とは異なる点である（法第37条）。この条文は、羅先経済貿易地帯法第3条で「国家は、経済貿易地帯に先端技術産業、国際物流業、装備製造業、1次加工工業、軽工業、サービス業、現代農業を基本とする産業区を計画的に建設する。」という規定を置き、黄金坪・威化島経済地帯法にない「産業区」を建設するようにしたことに起因する。

ウ. 経済開発区法

外国の法人や個人、経済組織と海外同胞は、経済開発区に投資し、企業を創設・運営できる（法第38条）。企業を創設しようとする投資家は、企業創設承認書類を提出して承認を受けた後、創設登録など各種登録を行わなければならず、創設登録を行った日から北朝鮮の法人となる（法第40条）。企業は、操業を始める前に、管理機関に投資実績確認書、生産工程及び施設物の安全担保書、環境影響評価書などが添付された営業許可申請書を提出し、営業許可証の発給を受け、

258　北朝鮮投資ガイド

承認を受けた業種の範囲内で経営を行う。保険に加入する場合、北朝鮮内に所在する保険会社の保険に加入することになっている。企業は、経営活動のため広告を行うことができ、他の企業の知的財産権侵害など権利と利益を侵害する行為は禁じられている（企業創設運営規定第17条、第19条、第23条ないし第25条）。

　経済開発区での労働力の供給は、管理機関の業務であり、中央機関又は道・直轄市人民委員会は、これに対する統制を行うものとして規定されている（労働規定第2条）。企業は、管理機関を通じて、労働者採用申請書を提出し、採用手続を行い、その際北朝鮮の労働力を優先的に採用する義務がある。最低賃金は、中央特殊経済指導機関が道・直轄市人民委員会、管理機関と協議して定め、これを公布しなければならない（法第41条及び第42条、企業創設運営規定第26条、労働規定第3条、第6条、第10条）。

(4) 税制恩典及び特恵

ア. 開城工業地区法

　開城工業地区は原則として、韓国企業だけでなく、外国企業にも開放されており、特殊経済地帯の特徴である労働力採用、土地利用、課税などの特恵が与えられる（法第3条）。一方、社会の安全と民族経済の健全な発展、住民の健康と環境保護に阻害を与えたり、又は経済技術的に遅れている部門の投資と営業活動は行えず、下部構造建設、軽工業、先端科学技術に対する投資は特別に奨励するとし（法第4条）、投資制限事由と投資奨励部門を規定している。

　投資を促すために与えられる具体的な特恵として税制恩典を挙げられる。企業所得税率は決算利潤の14%、下部構造建設部門と軽工業部門、先端科学技術部門は10%等、投資奨励部門に対して企業所得税率の特恵を与えている（法第43条第2文）。

イ. 黄金坪・威化島経済地帯法、羅先経済貿易地帯法、経済開発区法

　黄金坪・威化島経済地帯で10年以上の運営が定められた企業については、企業所得税を免除又は減免する（法第63条）。経済地帯で利潤を再投資し、登録資本を増やしたり、又は新しい企業を創設して5年以上運営する場合には、再投資分に該当する企業所得税額の50%を返す（法第64条）。開発企業の財産と下部構造

XV. 北朝鮮の経済特区法　259

施設、公共施設運営には、免税の恩典が与えられる（法第65条）。

　関税についても特恵が与えられ、加工貿易、仲介貿易、補償貿易を目的として
経済地帯に入ってくる物資、企業の生産と経営に必要な物資と生産した輸出商
品、投資家に必要な事務用品、生活用品、経済地帯建設に必要な物資などには関
税を賦課しない（法第68条）。

　土地利用と関連して、下部構造施設と公共施設、特別奨励部門に投資する企業
については、位置を選択する際優先権を与え、定められた期間に該当する使用料
を免除できる（法第63条）。

　羅先経済貿易地帯法と経済開発区法にも、黄金坪・威化島経済地帯法の上記規
定のような内容の規定を置いている（羅先経済貿易地帯法第68条ないし第71条、
経済開発区法第52条ないし第56条）。

(5) 出入及び身辺保護

ア. 開城工業地区法

　開城工業地区では、法に根拠せずに韓国側及び海外同胞、外国人を拘束、逮捕
したり、又は身体や住居を捜索しない。また、身辺安全及び刑事事件と関連し
て、南北間の合意又は北朝鮮と他国間で締結された条約がある場合には、それに
従う（法第8条）。

　これに基づき、南北間で「開城工業地区と金剛山観光地区の出入及び滞在に関
する合意書」が締結された。合意書第10条では、「①北側は、人員の身体、住居、
個人財産の不可侵権を保障する。②北側は、人員が地区に適用される法秩序を違
反した場合、これを中止させた後、調査し、対象者の違反内容を南側に通報し、
違反程度に基づいて警告又は犯則金を賦課したり、南側地域に追放する。ただ
し、南と北が合意する厳重な違反行為については、双方が別途合意して処理す
る。③北側は、人員が調査を受ける間、彼の基本的な権利を保障する。④南側
は、法秩序を違反し、南側地域に追放された人員に対して、北側の意見を踏まえ
調査、処理し、その結果について北側に通報し、法秩序違反行為の再発防止に必
要な対策を立てる。」と規定している。この規定は、韓国住民に韓国法律を適用
するか、北朝鮮法律を適用するかを直接的に規定するものではなく、地区で適用
される法秩序を違反した場合、現実的に北朝鮮の執行管轄権を排除する点を規定

260　北朝鮮投資ガイド

したものとして解釈される。

イ. 黄金坪・威化島経済地帯法、羅先経済貿易地帯法、経済開発区法

身辺保障について黄金坪・威化島経済地帯法と羅先経済貿易地帯法は、「経済（貿易）地帯で公民の身辺安全と人権は、法に基づいて保護される。法によらずには拘束、逮捕せず、居住場所を捜索しない。身辺安全及び刑事事件と関連して、我が国と該当国家との間で締結された条約がある場合には、それに従う。」条文を置いている（各法第9条）。経済開発区法第8条にも、上記規定と同じ内容を定めている。

これは、北朝鮮の法律に基づいて拘束、逮捕、捜索を行うことができるという意味であり、今後韓国の企業が進出する場合には、「開城工業地区と金剛山観光地区の出入及び滞在に関する合意書」の内容と同一の内容で合意書を締結する必要がある。

(6) 投資家保護

ア. 開城工業地区法

開城工業地区法は、投資家の財産保護のために、工業地区で投資家の権利と利益保護、投資財産に対する相続権保障、投資家の財産に対する国有化禁止、投資家の財産を取り上げる際の事由[159]、手続[160]、補償[161]を規定している（法第7条）。

イ. 黄金坪・威化島経済地帯法、羅先経済貿易地帯法、経済開発区法

黄金坪・威化島経済地帯で投資家の財産と合法的な所得そして付与された権利は、法に基づいて保護され、国家は、投資家の財産を国有化したり、又は取り上げたりせず、社会公共の利益と関連してやむを得ずに投資家の財産を取り上げたり、又は一時利用する際には、事前に通知するなどの法的手続を経て、差別なくその価値を適時に充分かつ効果的に補償する（法第8条）。羅先経済貿易地帯法も、これと同一の規定を置いている（法第7条）。

---

159)「社会共同体の利益と関連してやむを得ずに」(法第7条)。

160)「投資者と事前協議を行い」(法第7条)。

161)「その価値を補償する。」(法第7条)。

経済開発区法にも、上記規定と類似する規定を置いているが、黄金坪・威化島経済地帯法や羅先経済貿易地帯法に含まれている「法的手続を経て、差別なく」との文言、即ち適法手続原則と差別禁止原則が省略されている（法第7条）。投資安定性の側面から留意すべき部分である。

(7) 紛争解決手続

ア. 開城工業地区法

開城工業地区の開発と管理運営、企業活動に関する意見の相違は、当事者の間の協議により解決し、協議で解決できない場合には、北南の間で合意した商事紛争解決手続又は仲裁、裁判手続で解決する（法第46条）。

しかし、この条文は現実で紛争が発生した場合、協議を通じた解決以外には、適当な紛争解決方法がないと指摘を受けている。「北南の間で合意した商事紛争解決手続」とは、南北の間で締結された4つの経協合意書のうち、「商事紛争解決手続合意書」で定めている手続を指すが、この合意書第2条で規定する「南北商事仲裁委員会」が構成されていないためである。

イ. 黄金坪・威化島経済地帯法、羅先経済貿易地帯法、経済開発区法

上記3つの法では全て、「申訴とその処理」、「調停による紛争解決」、「(国際)仲裁による紛争解決」、「裁判による紛争解決」という紛争解決の方法を定めている[162]。これは、開城工業地区法に比べ、より具体的である。

黄金坪・威化島経済地帯法と羅先経済貿易地帯法で注目すべき点は、紛争解決と関連して行政訴訟制度を導入した点である（黄金坪・威化島経済地帯法第74条、羅先経済貿易地帯法第83条）。申訴が行政的救済手段であるのに比べ、行政訴訟は、司法的救済手段であるため、この制度が施行されたら、北朝鮮当局の処分に対する公式的な司法的権利救済制度として、投資家保護に大きな影響を及ぼす見込みである。

---

162) 黄金坪・威化島経済地帯法第71条 - 第74条、羅先経済貿易地帯法第80条 - 第83条、経済開発区法第59条 - 第62条。

北朝鮮投資ガイド

初版発行　　2019年 11月 4日

著　　者　　法務法人(有限)地平
発 行 人　　中嶋　啓太

発 行 所　　博英社
　　　　　　〒 370-0006　群馬県 高崎市 問屋町 4-5-9　SKYMAX-WEST
　　　　　　TEL 027-381-8453（営業、企画）/ FAX 027-381-8457
　　　　　　E·MAIL hakueisha@hakueishabook.com
　　　　　　＊ 営業、企画に関するお問い合わせ

ISBN　　　　978-4-910132-00-6

© 2019 法務法人(有限)地平、Printed in Korea

＊ 乱丁・落丁本は、送料小社負担にてお取替えいたします。
＊ 本書の全部または一部を無断で複写複製(コピー)することは、著作権法上での例外を除き、禁じられています。

定　　価　　本体1800円＋税